SERIE DE ESTUDIOS BÍBLICOS DE CHARLES F. STANLEY

CÓMO DEPENDER DEL

ESPÍRITU SANTO

DESCUBRA QUIÉN ES ÉL Y CÓMO ACTÚA

CHARLES F. STANLEY

GRUPO NELSON
Desde 1798

NASHVILLE   MÉXICO D.F.   RÍO DE JANEIRO

Editora en Jefe: *Graciela Lelli*
Traducción: *Mirtha y Ricardo Acosta*
Adaptación del diseño al español: *Mauricio Díaz*

ISBN: 978-1-40022-165-3
ISBN ebook: 978-1-40022-181-3

Impreso en Estados Unidos de América
23 24 25 26 27 LBC 6 5 4 3 2

CONTENIDO

Por qué necesitamos

AL ESPÍRITU SANTO

Santo, de otra manera no seríamos cristianos. Sin embargo, a muchos creyentes de hoy les han enseñado erróneamente respecto al Espíritu Santo. Conozco personas que han sacado un versículo de la Biblia y han hecho toda una teología del Espíritu Santo sobre esa base. Para una comprensión adecuada de quién es el Espíritu Santo y cómo obra en nosotros debemos tener la *orientación total* de la Palabra de Dios sobre el tema.

Como en todos los ámbitos de estudio, erramos si basamos nuestra fe en un solo concepto aislado. La verdad se expresa reiteradamente en la Palabra de Dios. Los versículos se basan en versículos a fin de crear el significado completo del mensaje que Dios nos ha dado. Nuestra perspectiva es limitada y errónea, a menos que captemos toda la verdad divina. Este es el objetivo del estudio que usted tiene en las manos: explorar lo que la Biblia declara acerca del Espíritu Santo con el propósito de tener una experiencia más completa con Él.

Esta obra puede usarla usted solo y con varias personas en un estudio de grupo pequeño. En varias ocasiones se le pedirá que se relacione con el material en una de las cuatro maneras siguientes:

Primera, ¿qué ideas nuevas se le han ocurrido? Tome notas sobre las perspectivas que tenga. Tal vez quiera escribirlas en su Biblia o en un diario separado. Mientras reflexiona en su nuevo entendimiento, es probable que comprenda el modo en que Dios se ha movido en su vida.

Segunda, ¿ha tenido alguna vez una experiencia parecida? Solemos abordar la Biblia desde nuestros elementos exclusivos de juicio; es decir, nuestro propio conjunto particular de interpretaciones del mundo que traemos con nosotros cuando abrimos la Palabra de Dios. Por eso es importante reflexionar en cómo nuestras experiencias moldean nuestra comprensión y estar predispuestos a la verdad que el Señor revela.

Tercera, ¿cómo se siente usted respecto al material? Aunque no debemos depender exclusivamente de las emociones como indicador de nuestra fe, es importante estar conscientes de ellas cuando estudiamos un pasaje de las Escrituras y también poder expresarlas libremente a Dios. A veces el Espíritu Santo usa nuestras emociones para obligarnos a revisar nuestra vida en una forma diferente o retadora.

Cuarta, ¿en qué manera se siente usted retado a reaccionar o actuar? La Palabra de Dios puede inspirarnos o desafiarnos a adoptar una acción particular. Asuma con seriedad este reto y encuentre maneras de seguir adelante. Si Dios le revela una necesidad particular que desea que usted satisfaga, tómela como una «orden de marcha». Él le conferirá poder para hacer algo con el desafío que acaba de darle.

Comience con oración sus sesiones de estudio bíblico. Pídale a Dios que le dé ojos espirituales para ver y oídos espirituales para escuchar. Al concluir el estudio, pídale al Señor que selle lo que usted ha aprendido a fin de que no lo olvide. Pídale que le ayude a crecer en la plenitud de la naturaleza y el carácter de Jesucristo.

Le animo a mantener la Biblia en el centro de su estudio. En cada participante, un estudio bíblico verdadero se mantiene enfocado en la Palabra de Dios y promueve fe creciente y mayor cercanía con el Espíritu Santo.

LECCIÓN 1

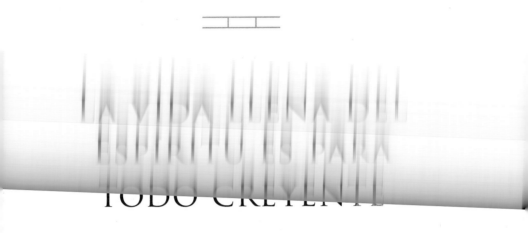

EN ESTA LECCIÓN

Enseñanza: ¿Qué significa realmente la frase «una vida llena del Espíritu»?

Crecimiento: ¿Quién puede tener una vida llena del Espíritu?

Con toda probabilidad, las palabras «vida llena del Espíritu» evocan en usted una de tres respuestas. Podría decir: «No sé de qué está hablando». Si esta es su respuesta, no está solo. Muchas personas no saben mucho acerca del Espíritu Santo, y saben aun menos sobre cómo obra en la vida de cada cristiano.

Usted podría declarar: «No estoy seguro de que desee tener algo que ver con el Espíritu Santo. Todo lo que he oído acerca de Él me parece demasiado divisivo o emocional». Si esa es su respuesta, lo animo. Si usted es un cristiano nacido de nuevo, ya tiene una relación con el Espíritu Santo, ¡sea que haya reconocido esto o no! Además, Él no es divisivo o invasivo. La gente podría serlo... pero Él no.

Usted podría afirmar: «Oh, ¡sí! La vida llena del Espíritu es la más fantástica que alguien puede conocer. ¡Yo no cambiaría la vida llena del Espíritu por todas las riquezas del mundo o por cualquier otra experiencia!». Si esa es su respuesta, le digo *amén*, que así sea. La vida llena del Espíritu es la única forma en que los cristianos podemos experimentar todo lo que Dios quiere que seamos, digamos y hagamos. Es la vida al máximo, la verdadera vida abundante que Jesús prometió. Como les dijo a sus discípulos: «Yo he venido para que tengan vida, y para que la tengan en abundancia» (Juan 10:10).

La vida llena del Espíritu no se basa en emociones, aunque es probable que sintamos algunas de ellas a medida que el Espíritu Santo obra en nosotros para producir el carácter de Cristo y replicar su ministerio en nuestra vida y el mundo. Un creyente podría sentir al Espíritu Santo en un momento y lugar, pero no en otro momento y lugar; esto se debe simplemente a la naturaleza caprichosa de las emociones humanas. Las sensaciones suben y bajan, van y vienen, pero el Espíritu Santo no actúa así. Si usted ha aceptado a Jesucristo como su Señor y Salvador, su salvación fue sellada para siempre por el Espíritu Santo en el momento que confesó sus pecados y recibió el perdón de Dios.

La vida llena del Espíritu se caracteriza por propósito, poder y eficacia. No es algo que podamos analizar a la distancia, sino que debemos *experimentar*. Experimentarla en la vida real implica enfrentar circunstancias y situaciones reales, y a veces difíciles. Al final, la vida llena del Espíritu no es algo que *hacemos*, sino algo que *tenemos* debido a quien vive y actúa en nuestro interior. Dios quiere que cada uno de sus hijos tenga una vida llena del Espíritu, y espera que nos dejemos dirigir por el Espíritu cada día.

1. «Pedro les dijo: Arrepentíos, y bautícese cada uno de vosotros en el nombre de Jesucristo para perdón de los pecados; y recibiréis el don del Espíritu Santo. Porque para vosotros es la promesa, y para vuestros hijos, y para todos los que están lejos; para cuantos el Señor nuestro Dios llamare» (Hechos 2:38-39). ¿Por qué

Pedro se refiere al Espíritu Santo como un «don»? ¿Qué enseña esto con relación a su carácter? ¿A su disponibilidad?

....

....

....

....

2. Según las palabras del apóstol Pedro en este pasaje, ¿que se necesita para que una persona reciba el Espíritu Santo y empiece a tener una vida llena del Espíritu?

....

....

....

....

....

....

....

....

....

....

NUESTRA NECESIDAD DEL ESPÍRITU SANTO

La mayoría de nosotros no tenemos dificultad en admitir: «Necesito a Dios el Padre en mi vida». Reconocemos a Dios el Padre como nuestro Creador todopoderoso, omnipresente y santo. De igual manera, la mayoría de nosotros no tenemos dificultad en admitir: «Necesito a Jesucristo en mi vida». Reconocemos que por naturaleza somos criaturas pecadoras y que, si hemos de experimentar perdón por nuestros pecados y recibir vida eterna, debemos tener la expiación suficiente que Jesucristo hizo posible en la cruz. Comprendemos que Él vino al mundo para que pudiéramos ser restaurados a una relación plena con nuestro Padre celestial, quien desea bendecirnos como sus hijos. En muchas maneras necesitamos a Jesucristo en nuestras vidas debido a nuestra necesidad de una relación con el Padre. Sin embargo, ¿necesitamos al Espíritu Santo?

Para responder esta pregunta debemos reconocer que el Espíritu Santo forma parte de la santa Trinidad: Padre, Hijo y Espíritu Santo. Lo necesitamos tanto como necesitamos al Padre y al Hijo. Es más, el Espíritu Santo posibilita nuestro crecimiento como creyentes y nos permite experimentar una comunión más profunda con Jesús y el Padre. Necesitamos que obre en nosotros a fin de que cumplamos nuestro destino terrenal en Cristo y lleguemos a ser las personas que el Padre pretendió que fuéramos.

Piense en esto con relación a conducir su auto. ¿Qué es lo primero que usted debe hacer cuando sube a su vehículo? Usted podría contestar «orar», y yo no discreparía con esa respuesta. Sin embargo, tengo en mente algo físico que debe hacer antes de soltar el freno de mano, poner el auto en marcha y pisar el pedal para acelerar. Lo primero que debe hacer cuando sube a su auto es abrocharse el cinturón de seguridad.

Ahora, ¿*por qué* abrochar el cinturón? ¿Lo hace porque espera tener un accidente? No, usted decide abrochar el cinturón, además de que esto se halla regulado en la mayoría de lugares, a fin de encontrarse seguro *en caso* de que tuviera un accidente. De igual manera, cuando usted y yo nos levantamos en la mañana para empezar nuestro día, una de las primeras cosas que debemos hacer es buscar la guía del Espíritu Santo en nuestras vidas. Debemos pedirle al Espíritu Santo que nos dirija en toda situación que enfrentamos. Antes de tomar una decisión respecto a algo, o al toparnos con alguien, o cuando formulamos una respuesta a la pregunta que alguien nos hace, queremos que el Espíritu Santo hable a nuestros corazones. *Necesitamos* la participación continua del Espíritu Santo.

3. El Espíritu Santo es parte de la Trinidad: Padre, Hijo y Espíritu Santo. Ante esto, ¿por qué cree usted que a menudo es el miembro más incomprendido de la Trinidad? ¿Cuáles son algunas preguntas que usted ha tenido en el pasado con relación al papel del Espíritu en su vida?

un corazón de carne. Y pondré dentro de vosotros mi Espíritu, y haré que andéis en mis estatutos, y guardéis mis preceptos, y los pongáis por obra» (Ezequiel 36:26-27). ¿Qué dice este pasaje sobre el papel del Espíritu Santo en su vida?

PRESENCIA DEL ESPÍRITU SANTO DESDE EL PRINCIPIO

Al pensar en el Espíritu Santo debemos recordar que desde el principio ha sido parte de la Trinidad. En Génesis 1:1-2 leemos: «En el principio creó Dios los cielos y la tierra. Y la tierra estaba desordenada y vacía, y las tinieblas estaban sobre la faz del abismo, y el Espíritu de Dios se movía sobre la faz de las aguas». Más adelante, cuando leemos acerca de la creación de Adán, descubrimos que el Señor declara: «Hagamos al hombre a nuestra imagen, conforme a nuestra semejanza» (Génesis 1:26). Como parte de la Trinidad, el Espíritu Santo estuvo presente y activo en la creación.

Al recorrer el Antiguo Testamento hallamos repetidas menciones del Espíritu Santo y su atribución de poder a las personas para que realicen ciertas tareas. En cada caso del Antiguo Testamento, el Espíritu del Señor vino sobre ciertos individuos para ayudarles a cumplir roles de liderazgo y a llevar a cabo el plan y el propósito de Dios entre el pueblo. El Espíritu Santo les ayudó en una amplia variedad de maneras, preparándolos para hacer lo que Dios los llamó a hacer en sus papeles como artesanos, jueces, guerreros, profetas y reyes.

En algunos casos el Espíritu Santo vino a una persona para que esta pudiera profetizar o hablar en el nombre del Señor. Una de ellas fue Isaías, quien escribió: «El Espíritu de Jehová el Señor está sobre mí, porque me ungió Jehová; me ha enviado a predicar buenas nuevas a los abatidos» (Isaías 61:1). De igual modo Ezequiel habla del Espíritu que mora en él y le permite profetizar y hablar la Palabra de Dios al pueblo: «Me dijo: Hijo de hombre, ponte sobre tus pies, y hablaré contigo. Y luego que me habló, entró el Espíritu en mí y me afirmó sobre mis pies, y oí al que me hablaba» (Ezequiel 2:1-2).

En cada caso encontramos que el Espíritu Santo vino a individuos en el Antiguo Testamento a fin de ayudarles con misiones o ministerios específicos, y luego salió de ellos. En ese tiempo, el Espíritu Santo no venía para permanecer en las vidas de hombres y mujeres. Ese simplemente no fue el patrón que vemos en las historias del Antiguo Testamento. Pero en el Nuevo Testamento, como analizaremos más adelante en una lección posterior, hallamos a Jesús prometiéndoles a sus discípulos que el Espíritu Santo habitaría en ellos y se convertiría en fuente continua de ayuda divina en sus vidas.

Bueno, esto no quiere decir que el Espíritu Santo actúa en el Antiguo Testamento en un modo que sea *contradictorio* con la manera en que actúa en el Nuevo Testamento. Ciertamente, el Espíritu Santo obra en el Nuevo Testamento proporcionando asistencia de liderazgo y también brindando claros mensajes de dirección y verdad. La diferencia es que el Espíritu no *habitó* continuamente con el pueblo en el Antiguo Testamento. Esto es particularmente evidente en la vida de Saúl, a quien Samuel ungió como el primer rey de Israel. Al principio de su gobierno leemos que Saúl se topó con un grupo de profetas, y «el Espíritu de Dios vino sobre él con poder, y profetizó entre ellos» (1 Samuel 10:10). Pero más tarde, después que Saúl desobedeció a Dios y David fue ungido rey, leemos que «el Espíritu de Jehová se apartó

en el aposento alto el día de Pentecostés.

5. «Mira, yo he llamado por nombre a Bezaleel hijo de Uri, hijo de Hur, de la tribu de Judá; y lo he llenado del Espíritu de Dios, en sabiduría y en inteligencia, en ciencia y en todo arte, para inventar diseños, para trabajar en oro, en plata y en bronce, y en artificio de piedras para engastarlas, y en artificio de madera; para trabajar en toda clase de labor» (Éxodo 31:2-5). El Señor envió su Espíritu a Bezaleel cuando se ordenó a los israelitas construir el tabernáculo. ¿Por qué Bezaleel necesitaba el Espíritu Santo?

6. ¿Qué nos revela esto acerca del papel del Espíritu Santo en el Antiguo Testamento?

....

....

....

....

....

....

....

....

7. ¿Por qué el Espíritu Santo vino sobre ciertas personas en tiempos del Antiguo Testamento? ¿Por qué fue necesario para Cristo pagar el precio del pecado en la cruz antes que el Espíritu Santo pudiera morar en *todo* el pueblo de Dios?

....

....

....

....

....

....

....

....

MÁS QUE ADECUADO

La verdad es que hoy día muchos cristianos no comprenden el papel del Espíritu Santo en ellos, no lo consideran un miembro activo de la Trinidad y no se sienten obligados a llevar más que una vida cristiana *adecuada*. Creen que estarán bien con Dios si van a la iglesia, leen a veces la Biblia y expresan de vez en cuando sus oraciones. En ocasiones podrían ser voluntarios para servir a otros en una manera particular (tal vez como ujier, miembro de un comité de iglesia, anfitrión de un grupo pequeño, o miembro de un equipo de evangelización) y consideran ese ministerio por sobre la norma.

La vida llena del Espíritu es para todo creyente

Pero déjeme retarle hoy día. Dios no le llama (ni llama a nadie) únicamente a una vida cristiana adecuada. Él quiere tener una relación diaria de caminar y hablar a diario con usted a fin de que experimente su presencia, confíe en Él para obtener sabiduría, recurra a sus fuerzas y le confíe los resultados en cada paso que dé, en toda decisión que tome, en cualquier conversación que tenga y en todo

en la plenitud del Espíritu Santo o no lo hace. Así que tome hoy la decisión de elegir la vida llena del Espíritu. Dios no se impondrá sobre usted ni se obligará a actuar dentro de usted. Él actúa solo por invitación. Él no sobrepasará los límites de nuestra voluntad, amigo lector.

Es probable que al comenzar este estudio usted tenga algunas ideas preconcebidas sobre el Espíritu Santo y sobre cómo obra en la vida de una persona. Lo animo a dejar a un lado tales ideas y enfocar estas lecciones con corazón y mente muy abiertos. Puede aprender y experimentar algo aquí, pero solo si está dispuesto a ser transformado en su ser interior.

8. «El Dios de esperanza os llene de todo gozo y paz en el creer, para que abundéis en esperanza por el poder del Espíritu Santo» (Romanos 15:13). ¿Cómo le permite el Espíritu Santo llevar una vida vibrante y llena de esperanza?

....

....

....

....

....

....

....

....

9. «El Consolador, el Espíritu Santo, a quien el Padre enviará en mi nombre, él os enseñará todas las cosas, y os recordará todo lo que yo os he dicho» (Juan 14:26). ¿Qué le viene a la mente cuando escucha la frase «vida llena del Espíritu»?

10. ¿Es usted receptivo a experimentar más del Espíritu Santo en su vida? ¿Quiere más de su relación con Jesucristo de lo que actualmente experimenta? Explique.

HOY Y MAÑANA

Hoy: Reconozco que el Espíritu Santo mora dentro de la vida de cada cristiano.

Mañana: Estudiaré las Escrituras esta semana para aprender

ORACIÓN FINAL

Señor Jesús, cuán maravilloso eres, y qué fabuloso es que nos hayas dado el Espíritu Santo, quien nos sella como tu posesión adquirida. Hoy día te suplicamos que nos ayudes a entender el papel del Espíritu Santo en nuestra vida. Permite que en los días venideros resuenen las verdades de tu Palabra en nuestras mentes y nuestros corazones y espíritus. Queremos tener la vida llena del Espíritu y recibir toda la plenitud de gozo que ansías que recibamos. Sé real y vivo en nosotros hoy día mientras recibimos tus verdades. En tu nombre oramos. Amén.

Observaciones y peticiones de oración

Use este espacio para escribir todos los puntos clave, preguntas o peticiones de oración del estudio de esta semana.

LECCIÓN 2

EN ESTA LECCIÓN

Enseñanza: ¿Es el Espíritu Santo una persona o alguna otra entidad?

Crecimiento: Si el Espíritu Santo es una persona, entonces, ¿qué significa eso para mí?

¿Ha visto alguna vez niños maravillados cuando escuchan una historia? Así se comportan muchas personas cuando oyen del Espíritu Santo. No tienen idea de la verdadera identidad del Espíritu o de cómo obra en las vidas de los creyentes. El Espíritu Santo es un misterio para ellos.

Maravillarse en gran manera no es una mala respuesta en cuanto al Espíritu Santo. Ciertamente, Él debería inspirar nuestro asombro, nuestra admiración y nuestra adoración, pero no quiere ser un enigma para nosotros. Anhela revelársenos y hacerse conocer. ¿Quién entonces es el Espíritu Santo? Este es el enfoque de esta lección.

EL ESPÍRITU SANTO ES UNA PERSONA

Creo que una de las claves para nuestra comprensión del Espíritu Santo radica en reconocer que no se trata de una *cosa*, sino de una persona. ¿Le han preguntado alguna vez: «Está usted lleno del Espíritu Santo? ¿Tiene al Espíritu Santo?». Solo hay un par de respuestas: *sí* o *no*, ya que no se puede tener un poco del Espíritu Santo. O se está lleno de Él, o no se está. No se le puede haber tenido alguna vez, pero no tenerlo ahora. O se le tiene, o nunca se le ha tenido.

Suele ocurrir el error porque pensamos en el Espíritu Santo como una fuerza, un poder, un acontecimiento, una experiencia o una manifestación. Una vez tuve esta visión exacta del Espíritu Santo. Cuando fui a la universidad a fin de prepararme para el ministerio, en una conversación surgió el tema del Espíritu Santo. Debo haberme referido al Espíritu Santo como *algo*, porque al final de ese debate un hombre en el grupo me pidió que me reuniera con él más tarde en su dormitorio. Era un estudiante graduado en teología, por lo que me sentí honrado con la invitación y acepté de buena gana.

Cuando fui a su habitación me sorprendió descubrir que las paredes estaban completamente cubiertas de libros. Me sentí en la presencia de un verdadero erudito. El estudiante me pasó un Nuevo Testamento griego, y tengo que decir que quedé consternado. Admití que había estado en la universidad solo un par de semanas y que apenas sabía solo unas cuantas palabras y frases en griego. Mi declaración no lo disuadió. Procedió a seguir adelante conmigo con el Nuevo Testamento, un versículo tras otro, enseñándome que el Espíritu Santo no es una *cosa* sino *Alguien*: una persona, un miembro de la santísima Trinidad. Toda mi perspectiva cambió.

Cuando empezamos a ver al Espíritu Santo como una persona (no como un poder o una experiencia) obtenemos una perspectiva muy diferente sobre tener el Espíritu Santo. Así que, ¿en dónde se origina nuestro falso entendimiento de que el Espíritu Santo es una *cosa*? En muchos casos, creo que esto puede rastrearse a Hechos 2, donde leemos acerca de la venida del Espíritu Santo a la vida de los primeros cristianos:

Cuando llegó el día de Pentecostés, estaban todos unáni-

La gente suele confundir al Espíritu Santo con las señales y los sonidos que se presentaron en su llegada en Pentecostés. Leen de un estruendo como de un viento recio que vino del cielo. Leen de llamas de fuego que parecen repartirse en lenguas que tocan a cada persona. Leen de personas que hablan en lenguajes que no aprendieron, y suponen que el sonido, el fuego y las lenguas desconocidas son el Espíritu Santo.

Sin embargo, estas son manifestaciones de la venida del Espíritu Santo a la iglesia en el Día de Pentecostés poco después de la ascensión de Jesús. *No* representan al Espíritu Santo mismo. El sonido es *como* un viento recio. La luz brillante es *como* lenguas repartidas de fuego. El Espíritu Santo es infinitamente más que cualquier manifestación de su presencia.

1. ¿Por qué los discípulos «estaban todos unánimes juntos» cuando el Espíritu Santo vino sobre ellos? ¿Qué sugiere esto acerca del papel del Espíritu Santo en la iglesia?

2. Considere cada una de las manifestaciones de la presencia del Espíritu: viento, lenguas de fuego y hablar en idiomas extranjeros. ¿Qué revela cada una sobre el Espíritu Santo?

....

....

....

....

....

....

El Espíritu Santo es parte de la Trinidad

¿Qué hace que un ser humano sea diferente de las demás criaturas de Dios? Estas son las tres cualidades principales de la humanidad:

- *Conocimiento:* la capacidad de saber, de comprender, de reconocer y de tener significado.
- *Voluntad:* la capacidad de tomar decisiones en base a lo que se elige hacer, no a una respuesta instintiva a estímulos externos.
- *Emoción:* la capacidad de sentir, de tener sentimientos y de estar consciente de ellos.

En 1 Corintios 2:11 leemos sobre la capacidad del Espíritu Santo de *conocer*: «¿Quién de los hombres sabe las cosas del hombre, sino el espíritu del hombre que está en él? Así tampoco nadie conoció las cosas de Dios, sino el Espíritu de Dios». En 1 Corintios 12:11 leemos sobre la *voluntad* del Espíritu Santo: «Todas estas cosas las hace uno y el mismo Espíritu, repartiendo a cada uno en particular como él quiere». Y en Efesios 4:30 leemos sobre la *emoción* del Espíritu Santo, donde Pablo advierte: «No contristéis al Espíritu Santo de Dios». No podemos contristar a alguien que no nos ama ni tiene sentimientos que puedan lastimarse. Podemos contristar al Espíritu Santo porque tiene capacidad emocional. Sí, el Espíritu Santo tiene *emociones*.

Según se estableció en la lección anterior, la Biblia revela que el Espíritu Santo es el tercer miembro de la Deidad trina: Dios el Padre, Dios el Hijo y Dios el Espíritu Santo. Él es inseparable del Padre y el Hijo: es de una naturaleza, un carácter y una identidad con ellos. Al mismo tiempo, el Espíritu es una persona única. Tiene identidad y función específicas, así como Jesús tiene identidad

(Génesis 1:26). Fuimos creados a la imagen plena de Dios el Padre, Dios el Hijo y Dios el Espíritu Santo. Ser creados a la imagen de Dios significa que Él nos ha otorgado sus cualidades: tenemos la capacidad de saber cosas y recordarlas, de experimentar emociones y reaccionar a la vida con gran variedad de sentimientos, de tomar decisiones, de solucionar problemas y de tener «dominio» o autoridad sobre la creación. Tenemos además la capacidad divina de ayudar, enseñar, atestiguar, recordar y ofrecer argumentos convincentes.

Dios nos creó con la capacidad total de ser personas. Como parte de nuestra creación, Él se «infundió» en nosotros. Tenemos la capacidad específica de conocerlo, de sentirlo obrando en nosotros y de responderle. Nos formó con la capacidad de ser sus hijos e invitarlo a entrar en nosotros. El Espíritu Santo es el Espíritu de Dios, y somos sabios al referirnos a Él de este modo:

- El Espíritu Santo de Dios todopoderoso
- El Espíritu Santo de Jesucristo: el mismo Espíritu que habitó en Cristo
- El Espíritu Santo que mora hoy día en nosotros

¡Todos son uno y el mismo Espíritu Santo! Su rol en la Trinidad es llenar, energizar, fortalecer, imponer comportamiento, producir cualidades de carácter y obrar en la creación de Dios y a través de ella. No es el Creador, pero no hay creación sin Él. No es el Padre, pero no existe confirmación de nuestra relación con el Padre sin Él. No es la suma total de Dios todopoderoso, pero aparte de Él no hay expresión de la voluntad de Dios. No es el Hijo, pero aparte de Él no existe conciencia de pecado ni conocimiento salvador de Jesucristo. No es Jesús, pero Jesús no hizo nada aparte del poder del Espíritu Santo.

El Espíritu Santo es inseparable de Jesucristo y de Dios el Padre.

3. «Yo rogaré al Padre, y os dará otro Consolador, para que esté con vosotros para siempre: el Espíritu de verdad, al cual el mundo no puede recibir, porque no le ve, ni le conoce; pero vosotros le conocéis, porque mora con vosotros, y estará en vosotros» (Juan 14:16-17). ¿Qué palabras en estos versículos señalan que el Espíritu Santo es una persona divina? ¿Cuáles declara Jesús que son los papeles del Espíritu Santo?

4. «Cuando venga el Consolador, a quien yo os enviaré del Padre, el Espíritu de verdad, el cual procede del Padre, él dará testimonio acerca de mí» (Juan 15:26). ¿Qué revela este versículo sobre la Deidad trina: Padre, Hijo y Espíritu Santo?

5. ¿Por qué es importante comprender que el Espíritu Santo es parte de la Trinidad de Dios?

....

....

....

El Espíritu Santo es la promesa de Dios para el creyente

El Espíritu Santo tiene una relación única con los creyentes. La Biblia establece que si tenemos a Cristo, tenemos el Espíritu Santo de Dios. Él es el sello de nuestro compromiso con Jesús. En otras palabras, cuando aceptamos a Jesucristo como la expiación por nuestros pecados, el Espíritu Santo sella automáticamente esa decisión delante del Padre en el cielo. Le pertenecemos a Dios para siempre. No es posible quitar el sello a lo que el Espíritu Santo ha sellado, ni por nuestras acciones ni por las acciones de nadie más.

Por el contrario, si el Espíritu Santo no vive dentro de nosotros, no hemos recibido a Jesucristo como nuestro Salvador. Él es el sello de Dios y la garantía en nuestra vida; es la prueba de la afirmación de Dios de que le pertenecemos. No es posible que alguien sea cristiano sin que en su interior more el Espíritu Santo.

Hay quienes preguntan: «¿Recibió usted el Espíritu Santo cuando se convirtió en cristiano?». Esta pregunta es una imposibilidad. Se recibe al Espíritu Santo *como parte de recibir a Cristo*. No se puede recibir solo una parte de la Trinidad. Cuando nos volvemos cristianos (al confesar nuestros pecados y pedirle perdón a Dios) recibimos el Espíritu Santo. El Espíritu de Dios vino y habitó en nuestro espíritu y nos reclamó como propiedad suya. Nos colocó en una relación plena con el Padre y el Hijo, porque el Espíritu es inseparable del

Padre y el Hijo. Él se esfuerza por vivir (la misma calidad de vida que Jesucristo vivió) en nosotros y por medio nuestro.

Jesús prometió el Espíritu Santo a sus discípulos, y esa promesa se nos extiende hoy día como sus discípulos. Jesús dijo: «El Consolador, el Espíritu Santo, a quien el Padre enviará en mi nombre, él os enseñará todas las cosas» (Juan 14:26). Jesús afirmó que el Padre *enviará* al Espíritu. En el momento de su ascensión, Jesús les dijo a sus discípulos: «He aquí, yo enviaré la promesa de mi Padre sobre vosotros; pero quedaos vosotros en la ciudad de Jerusalén, hasta que seáis investidos de poder desde lo alto» (Lucas 24:49). Se trató de la promesa que Jesús les había hecho la noche de la Última Cena: la promesa de que el Espíritu Santo vendría a ellos para ayudarles y consolarlos en ausencia de Jesús.

En Hechos 1:8, Jesús hizo esta declaración adicional en el momento de su ascensión: «Recibiréis poder, *cuando* haya venido sobre vosotros el Espíritu Santo, y me seréis testigos en Jerusalén, en toda Judea, en Samaria, y hasta lo último de la tierra» (énfasis añadido). Él no tenía duda en la mente de lo que sucedería a sus seguidores.

El Día de Pentecostés, Pedro describió de la siguiente manera los acontecimientos que habían sucedido: «A este Jesús resucitó Dios, de lo cual todos nosotros somos testigos. Así que, exaltado por la diestra de Dios, y habiendo recibido del Padre la promesa del Espíritu Santo, ha derramado esto que vosotros veis y oís» (Hechos 2:32-33). Pedro estaba afirmando: «Recibimos a Aquel que fue prometido. Ustedes presenciaron con sus propios ojos y oídos la manifestación de la presencia del Espíritu entrando en nuestras vidas». El Espíritu Santo es la promesa de Dios para nosotros hoy día como sus hijos. Si somos seguidores del Señor Jesucristo, el Espíritu Santo mora en nosotros.

6. ¿Ha aceptado usted a Jesucristo como su Salvador? Si no lo ha hecho, ¿qué le impide tomar esta decisión?

....

....

....

....

....

....

7. Si usted es cristiano, ¿cómo sabe con seguridad que en su interior mora el Espíritu Santo?

....

....

....

EL ESPÍRITU SANTO ES EL PODER DEL CREYENTE

Jesús prometió el Espíritu Santo a quienes lo siguieron porque sabía que, si habrían de ser fieles, firmes y eficaces en su andar con Dios, necesitarían al Espíritu Santo en ellos. El Espíritu Santo permite que las personas lleven vidas cristianas.

En Efesios 1:19-21, Pablo oró porque los creyentes conocieran «la supereminente grandeza de su poder [de Dios] para con nosotros los que creemos, según la operación del poder de su fuerza, la cual operó en Cristo, resucitándole de los muertos y sentándole a su diestra en los lugares celestiales, sobre todo principado y autoridad y poder y señorío».

Pablo quería que los creyentes en Éfeso supieran que tenían pleno poder de resurrección en sus vidas. Poseían el mismo poder que levantó a Jesucristo de entre los muertos. Ciertamente tal poder podía resucitarlos de sus pecados. No solo eso, sino que también el poder se encontraba sobre todo principado, autoridad, poder y señorío. Nada es más poderoso que el Espíritu Santo en nosotros.

8. «A Aquel que es poderoso para hacer todas las cosas mucho más abundantemente de lo que pedimos o entendemos, según el poder que actúa en nosotros, a él sea gloria en la iglesia en Cristo

Jesús por todas las edades, por los siglos de los siglos. Amén»
(Efesios 3:20-21). Según estos versículos, ¿qué puede hacer el
Espíritu Santo en nuestra vida?

....

....

....

....

....

....

....

....

....

9. ¿Cuál es el «poder que actúa en nosotros»? ¿Qué logra este
poder?

....

....

....

....

....

....

....

....

....

10. ¿Cómo responde usted al hecho de tener acceso al mismo poder
que levantó a Jesús de entre los muertos? ¿Cómo ha influido ese
poder en su vida?

....

....

....

....

....

....

....

....

HOY Y MAÑANA

Hoy: El Espíritu Santo es parte de la Trinidad de Dios y trae consigo el poder de Dios a mi vida.

ORACIÓN FINAL

Espíritu Santo, gracias por la promesa de que vives dentro de nuestros corazones si tenemos a Cristo. Gracias por representar el sello de nuestro compromiso con Jesús. Sabemos que le pertenecemos a Dios y que no es posible deshacer lo que has sellado. Ayúdanos a permanecer firmes contra nuestro enemigo, el diablo, y a no escuchar sus mentiras. Ayúdanos a entender la obra que quieres hacer en nuestros corazones para que podamos vivir al máximo la vida que Jesús desea que tengamos.

OBSERVACIONES Y
PETICIONES DE ORACIÓN

Use este espacio para escribir todos los puntos clave, preguntas o peticiones de oración del estudio de esta semana.

MISMOS

EN ESTA LECCIÓN

Enseñanza: ¿Qué hace el Espíritu Santo por un cristiano?

Crecimiento: ¿Cómo debo responder ante la presencia del Espíritu Santo en mi vida?

Los escritores del Nuevo Testamento describieron el poder del Espíritu Santo en los cristianos con la voz griega *dunamis*, de la que obtenemos la palabra castellana *dinamita*. ¡El Espíritu Santo hace que sucedan las cosas! Su poder es infinito y expulsa el pecado de nuestra vida. En esta lección examinaremos las características de este poder del Espíritu Santo dentro de nosotros.

EL ESPÍRITU SANTO NOS PURIFICA

Antes que nada, el poder del Espíritu Santo nos purifica. En el Nuevo Testamento a menudo se identifica con fuego la naturaleza del Espíritu Santo. Vemos esto en Hechos 2:3 donde Lucas usa la frase «lenguas repartidas, como de fuego» para describir la manifestación del Espíritu Santo. El fuego, o temperatura intensa, se usa para fundir y purificar metales. Esta imagen aparece en el Antiguo Testamento y se aplica a todo el pueblo de Dios, quien advierte en Isaías 1:25: «Limpiaré hasta lo más puro tus escorias, y quitaré toda tu impureza». Esta misma imagen puede aplicarse a la purificación divina de todo lo que nos hace impuros delante del Padre. El Espíritu Santo consume nuestra maldad para que no nos quememos en nuestro pecado.

Pablo escribió a los romanos: «Si Cristo está en vosotros, el cuerpo en verdad está muerto a causa del pecado, mas el espíritu vive a causa de la justicia. Y si el Espíritu de aquel que levantó de los muertos a Jesús mora en vosotros, el que levantó de los muertos a Cristo Jesús vivificará también vuestros cuerpos mortales por su Espíritu que mora en vosotros» (Romanos 8:10-11). El Espíritu Santo quema nuestro pecado y limpia la naturaleza carnal para que ya no deseemos pecar. En otras palabras, una vez que nos ha purificado, parte de ese proceso de purificación es un deseo en nuestro interior de mantenernos puros.

El fuego y la quema no son imágenes cómodas para nosotros. El fuego parece doloroso, y a veces lo *es* el fuego del Espíritu Santo en nosotros. El castigo y la amonestación del Espíritu a menudo van contra lo que deseamos en nuestra naturaleza humana. Pero los resultados de su proceso de purificación son gloriosos. Al purificarnos, el Señor nos hace aceptables a su vista y nos prepara para ser usados en su reino. La purificación es parte necesaria de ser *santificados,* y esto significa ser limpiados y separados como santos ante los ojos de Dios.

Es vital para nosotros entender que la pureza de corazón no puede separarse del poder del Espíritu Santo. Somos purificados por el Espíritu Santo, y seguiremos caminando en pureza debido a su presencia y poder dentro de nosotros. Muchas personas intentan limpiar sus vidas cambiando su comportamiento. Empiezan yendo a la iglesia, asistiendo a un estudio bíblico y dando algo de su dinero a Dios, leyendo la Biblia y expresando sus oraciones. Ninguna de estas acciones por sí solas puede expulsar el pecado de nuestra vida. Solo cuando nos rendimos al Espíritu Santo podemos ser completamente limpios.

1. «Aguardando la esperanza bienaventurada y la manifestación

2. ¿Cómo nos redime el Espíritu Santo «de toda iniquidad»? ¿Cómo ha obrado el Espíritu Santo en su vida para refinarle el carácter? Ofrezca ejemplos prácticos.

3. ¿Cuándo ha encontrado doloroso el proceso purificador del Espíritu Santo? ¿En qué aspectos ha visto usted un verdadero cambio? ¿Cómo llegó a ser valiosa la incomodidad temporal con fin de conseguir un cambio?

....

....

....

....

....

El Espíritu Santo nos convence

El Espíritu Santo también nos convence de nuestro pecado. Antes de ser limpiados de nuestra maldad primero debemos estar convencidos de que *hemos* pecado. Esto es parte del proceso de purificación del Espíritu Santo en nosotros. Pablo escribió sobre esto a los corintios cuando les preguntó. «¿No sabéis que sois templo de Dios, y que el Espíritu de Dios mora en vosotros? Si alguno destruyere el templo de Dios, Dios le destruirá a él; porque el templo de Dios, el cual sois vosotros, santo es» (1 Corintios 3:16-17).

Ningún creyente en Cristo pensaría en dañar o destruir el edificio de una iglesia. Consideramos que nuestras iglesias son lugares sagrados. De igual manera, Pablo enseñó a los corintios que sus cuerpos eran lugares sagrados. Estaban habitados por el Espíritu Santo de Dios, así como el templo de antaño estaba lleno con el Espíritu Santo de Dios. En otras palabras, los corintios ya no tenían derecho a sí mismos. Pertenecían a Dios. Eran posesión divina.

El Espíritu Santo no permitirá que nada que no sea santo, puro y justo coexista con Él en su templo; por eso busca continuamente convencernos cuando pecamos. Podríamos hacer por tanto tiempo oídos sordos a la convicción del Espíritu, que podría parecer que se ha reducido a un susurro. Sin embargo, nos convencerá de nuestro pecado hasta que lo confesemos, nos arrepintamos de él y estemos limpios de él. Nuestro pecado es una mancha en nuestra pureza delante de Dios, y el Espíritu Santo no permitirá que nuestra maldad pase inadvertida.

Entonces seamos sensibles al poder de convicción del Espíritu Santo en nuestra vida. Respondámosle con un corazón contrito y humillado. Enfrentemos nuestro pecado. Solo entonces podremos ser perdonados y restaurados a la pureza necesaria a fin de que el Señor nos utilice como quiera.

5. ¿Cómo es necesario el Espíritu Santo para poder ganar justicia?

El Espíritu Santo nos fortalece

El Espíritu Santo nos imparte fuerzas. Pablo oró por los efesios para que el Señor les «dé, conforme a las riquezas de su gloria, el ser fortalecidos con poder en el hombre interior por su Espíritu» (Efesios 3:16). Ser fortalecido implica que un individuo es inicialmente débil por naturaleza o que las circunstancias lo han debilitado. Esto es cierto para cualquiera de nosotros que es sincero consigo mismo.

Luchamos por permanecer obedientes a la Palabra de Dios. Somos frágiles en nuestros cuerpos, frágiles en nuestra resolución y nos falla el valor. Somos criaturas débiles sin el Espíritu Santo.

Pablo exhortó a los efesios a madurar en Cristo «hasta que todos lleguemos a la unidad de la fe y del conocimiento del Hijo de Dios, a un varón perfecto, a la medida de la estatura de la plenitud de Cristo; para que ya no seamos niños fluctuantes, llevados por doquiera de todo viento de doctrina, por estratagema de hombres que para engañar emplean con astucia las artimañas del error» (Efesios 4:13-14). Debemos volvernos fuertes en Cristo, y el único modo de hacer esto es a través del Espíritu Santo. Con Él somos fuertes, incluso hasta el punto de que todo lo podemos en Cristo que nos fortalece (Filipenses 4:13).

El Espíritu de Cristo es el mismo Espíritu Santo que obra en nuestras vidas. *Podemos* hacer todo lo que Dios nos ordena. *Podemos* tener una calidad de vida que sea la misma que Cristo vivió. *Podemos* llevar una vida libre de pecado y audaz en palabra y acción porque estamos fortalecidos por el mismo Espíritu Santo que fortaleció a Jesús.

Pablo recitó a los corintios una lista de tribulaciones que había experimentado y luego concluyó: «De buena gana me gloriaré más bien en mis debilidades, para que repose sobre mí el poder de Cristo [...] porque cuando soy débil, entonces soy fuerte» (2 Corintios 12:9-10). Pablo conocía la realidad del poder del Espíritu Santo dentro de sí, un poder que lo había fortalecido para soportar todo tipo de persecución, peligros, fatigas y privación física. Sabía que el Espíritu Santo lo había fortalecido en momentos que fue afligido por un «aguijón en mi carne» (2 Corintios 12:7). El apóstol les dijo a los corintios que aprendió esta verdad directamente del Señor: «Bástate mi gracia; porque mi poder se perfecciona en la debilidad» (2 Corintios 12:9). Pablo no era ajeno a la dificultad, pero tampoco era ajeno al poder de Dios que actuaba en su interior.

El Espíritu Santo nos revive y nos fortalece cuando estamos debilitados por enfermedades, heridas o calamidades naturales. Nos permite soportar el dolor y las épocas de adversidad. Nos hace fuertes para que podamos derrotar al enemigo. Nos ofrece poder contra las *tentaciones* de Satanás al ayudarnos a resistir los impulsos de pecar (ver 1 Corintios 10:12-13). Nos da poder contra las *mentiras* del enemigo al ayudarnos a discernir la verdad y ver las estratagemas del diablo (ver Juan 16:13). Nos da poder contra los *ataques* al formar parte de nuestra armadura defensiva (ver Efesios 6:18).

El Espíritu Santo nos fortalece para resistir al diablo y vencer su influencia (ver Santiago 4:7). Satanás nos acusa en todo momento delante del Padre, pero la promesa divina es que tenemos la fortaleza del Espíritu Santo para resistir la actividad del diablo contra

que el poder de Dios se perfecciona en nuestra debilidad? ¿Cuándo ha visto usted esto en su vida?

7. ¿Qué significa que la gracia de Dios sea suficiente para usted? ¿Cuándo ha visto esto en usted o en alguien que conoce?

El Espíritu Santo nos dota para el ministerio

Finalmente, el Espíritu Santo nos prepara para el ministerio. El Espíritu Santo hace su obra *en* nosotros con el fin de poder hacer su obra *a través* de nosotros. El Espíritu Santo no habita en nosotros simplemente para que experimentemos éxtasis o sintamos paz en nuestra relación con Dios. Tales emociones pueden surgir al experimentar la presencia del Espíritu Santo en acción, pero el Espíritu Santo mora en nosotros a fin de que podamos ser sus testigos y hacer su obra en este planeta.

Recuerde las palabras de Jesús en Hechos 1:8: «Recibiréis poder, cuando haya venido sobre vosotros el Espíritu Santo, y me seréis testigos en Jerusalén, en toda Judea, en Samaria, y hasta lo último de la tierra». La manifestación principal de la presencia del Señor en nosotros es que seamos sus testigos. Nuestras vidas cambiadas le dicen algo al mundo. Con nuestras vidas hablamos el evangelio de Cristo. Con nuestras palabras y hechos mostramos el poder de Dios para que otras personas puedan ser transformadas de un estado de pecaminosidad a otro de justicia. Somos purificados y fortalecidos con la finalidad de ser recipientes vivos del amor y el poder de Dios que otros llegarán a conocer.

En lecciones futuras analizaremos los tipos específicos de preparación que el Señor hace en nosotros, pero en este momento podemos afirmar simplemente que Dios quiere *usarnos*. Él tiene un plan y un propósito para nuestras vidas. Nos tiene un papel que solo nosotros podemos cumplir. Si queremos lograr la razón de nuestra existencia, cumplir nuestro destino y conocer la satisfacción interior de una misión cumplida, debemos tener el poder del Espíritu Santo obrando en nosotros.

No podemos triunfar a los ojos de Dios sin la ayuda del Espíritu Santo. Si intentamos hacerlo, no lo conseguiremos. Cualquier cosa que tratemos de hacer aparte de la ayuda y la guía del Espíritu Santo está condenada al fracaso; no perdurará porque no tiene nada de la presencia eterna del Espíritu. Por otra parte, todo lo que hacemos en el Espíritu Santo no puede dejar de ser eterno, vivificante y una bendición para nosotros y los demás. En Él somos y tenemos todo lo que necesitamos... para siempre.

8. «Los gentiles son coherederos y miembros del mismo cuerpo, y copartícipes de la promesa en Cristo Jesús por medio del evangelio, del cual yo fui hecho ministro por el don de la gracia de Dios que me ha sido dado según la operación de su poder» (Efesios 3:6-7). ¿En qué maneras fue Pablo un «ministro» de la gracia de Dios a los gentiles (y a otros)? ¿De qué modo puede

9. ¿Qué es la «operación» del poder de Dios? ¿Qué papel representa el Espíritu Santo en este proceso? ¿Qué papel desempeña usted?

10. «El mismo Dios de paz os santifique por completo; y todo vuestro ser, espíritu, alma y cuerpo, sea guardado irreprensible para la venida de nuestro Señor Jesucristo. Fiel es el que os llama, el cual también lo hará» (1 Tesalonicenses 5:23-24). ¿Qué significa ser *santificado* por completo? ¿Por qué Pablo incluye al espíritu, el alma y el cuerpo en esta promesa?

....

....

....

....

....

....

....

....

....

....

....

....

....

....

....

El Espíritu Santo pone a nuestra disposición todo lo que es, a fin de que podamos ayudar, enseñar, guiar, pronunciar palabras de convicción y recordar a otros la verdad de Dios. Él tiene todo el conocimiento, y nos brinda su sabiduría para tomar buenas decisiones y hacer juicios justos. El Espíritu tiene capacidad para experimentar toda emoción, por lo que nos imparte su gran corazón a fin de que podamos amar a los demás con habilidad expandida. Él opera en su voluntad y nos imparte el conocimiento de su voluntad con el fin de que podamos movernos en fortaleza y obediencia. De este modo evitamos los peligros del pecado.

Así que preguntemos hoy al Espíritu Santo cómo desea que demos testimonio de que está presente en nosotros. Preguntémosle en qué ámbitos debemos dejar que su testimonio brille con mayor intensidad a través de nosotros. Y recuerde que Él nos prepara para que hagamos lo que nos ha llamado a hacer.

HOY Y MAÑANA

Hoy: El Espíritu Santo me otorga todo lo que necesito para purificarme y conquistar al enemigo.

ORACIÓN FINAL

Espíritu Santo, gracias por purificarnos. A pesar de que el proceso es doloroso, sabemos que el resultado nos hará aceptables a la vista de Dios y nos preparará para que pueda usarnos. Gracias por darnos convicción. Aceptamos que no permitirás que nada indebido coexista contigo en tu templo. Manifestamos que deseamos ser limpiados de nuestros pecados a fin de poder llevar vidas eficaces. Gracias por fortalecernos. Reconocemos que tienes todo el poder que necesitaremos, y te pedimos que nos impartas hoy día esa fortaleza al batallar contra las tentaciones y contra el enemigo de nuestra alma.

OBSERVACIONES Y PETICIONES DE ORACIÓN

Use este espacio para escribir todos los puntos clave, preguntas o peticiones de oración del estudio de esta semana.

LECCIÓN 4

EN ESTA LECCIÓN

Enseñanza: ¿Abandona alguna vez el Espíritu Santo
a un cristiano?

Crecimiento: ¿Cómo hace el Espíritu Santo que me parezca
más a Jesús?

En ocasiones las personas hablan de una «llenura» y luego de una «recarga» del Espíritu Santo en la vida del individuo. Tenga la seguridad basada en la Palabra de Dios de que cuando el Espíritu Santo mora en nosotros, mora *para siempre*. No viene y se va. Él está con nosotros desde ahora y hasta la eternidad.

En los Evangelios Jesús se refiere al Espíritu Santo como *agua viva*. Vemos esto en un encuentro que un día tuvo con una mujer samaritana en un pozo cerca de la población de Sicar. Durante la conversación, Jesús declaró: «Si conocieras el don de Dios, y quién es el que te dice: Dame de beber; tú le pedirías, y él te daría agua viva» (Juan 4:10). Cuando la mujer cuestionó la naturaleza de esta agua viva, Jesús explicó: «Cualquiera que bebiere de esta agua, volverá a tener sed; mas el que bebiere del agua que yo le daré, no tendrá sed jamás; sino que el agua que yo le daré será en él una fuente de agua que salte para vida eterna» (Juan 4:13-14).

Jesús dijo más tarde a una multitud: «Si alguno tiene sed, venga a mí y beba. El que cree en mí, como dice la Escritura, de su interior correrán ríos de agua viva» (Juan 7:37-38). Juan dejó en claro que Jesús estaba refiriéndose al *Espíritu Santo* como agua viva cuando declaró: «Esto dijo del Espíritu que habían de recibir los que creyesen en él; pues aún no había venido el Espíritu Santo, porque Jesús no había sido aún glorificado» (Juan 7:39).

Agua viva se refiere a un pozo artesiano, o al agua que brota a través de la tierra en cantidad infinita. El agua de fuentes artesianas se considera la más pura disponible para la humanidad. Fluye libremente sin fin. Esta es la descripción que Jesús usa para el Espíritu Santo: una fuente interna de pureza, fortaleza, poder y refrigerio que fluye de manera libre e interminable.

1. «El que cree en mí [...] de su interior correrán ríos de agua viva» (Juan 7:38). ¿De qué modo el ministerio del Espíritu Santo se asemeja al «agua viva»?

....

....

....

....

....

2. ¿Qué clase de «sed» sacia el Espíritu Santo en las vidas de los seguidores de Cristo? ¿Cuándo ha visto que Él sacie alguna sed en su vida?

....

....

....

....

....

JESÚS PROMETE ENVIAR EL ESPÍRITU SANTO

Juan asegura que «aún no había venido el Espíritu Santo, porque Jesús no había sido aún glorificado» (Juan 7:39). Explica esto aún más cuando cita que Jesús expresa: «Si me amáis, guardad mis man-

cípulos. Deja en claro que sus discípulos

Santo porque lo habían conocido según se había manifestado en el Señor. Además, Jesús afirma que el Espíritu Santo no estaría *con* ellos, que es el modo en que hasta ese momento habían experimentado al Espíritu Santo en la vida de Cristo, sino que el Espíritu Santo moraría *en* ellos.

Jesús repite luego el mandato que les dio antes, de que guardaran su palabra, y explica: «El que me ama, mi palabra guardará; y mi Padre le amará, y vendremos a él, y haremos morada con él» (Juan 14:23). Vemos una vez más que el Espíritu Santo que moraba y actuaba a través de Jesús es el mismo Espíritu Santo puesto hoy día a disposición de los seguidores de Cristo.

Jesús les dice a sus discípulos: «El Consolador, el Espíritu Santo, a quien el Padre enviará en mi nombre, él os enseñará todas las cosas, y os recordará todo lo que yo os he dicho» (Juan 14:26). Ordena a sus discípulos permanecer en Él y llevar fruto (ver Juan 15:1-10). Jesús les advierte de la persecución venidera y les repite su deseo de que se amen unos a otros: «Cuando venga el Consolador, a quien yo os enviaré del Padre, el Espíritu de verdad, el cual procede del Padre, él dará testimonio acerca de mí. Y vosotros daréis testimonio también, porque habéis estado conmigo desde el principio» (Juan 15:26-27).

Vemos una vez más que el Espíritu Santo viene del Padre a petición de Jesús, quien afirma que el Espíritu Santo testificará lo que Él está a punto de hacer en la cruz, convirtiéndose en nuestra suficiente expiación por el pecado. Jesús dice que les manifiesta a sus discípulos todo esto para que no se entristezcan. Luego agrega: «Os conviene que yo me vaya; porque si no me fuera, el Consolador no vendría a vosotros; mas si me fuere, os lo enviaré» (Juan 16:7).

Los discípulos están desconcertados respecto a cómo puede convenirles más que Jesús se *vaya* a que permanezca *con* ellos. Ya que el Señor sabía lo que pensaban, les explicó: «En aquel día no me preguntaréis nada [...] todo cuanto pidiereis al Padre en mi nombre, os lo dará. Hasta ahora nada habéis pedido en mi nombre; pedid, y recibiréis» (Juan 16:23-24).

Hasta este momento los discípulos se habían vuelto a Jesús para todo. Habían confiado en que el Espíritu Santo que obraba en Jesús les supliera sus necesidades y liberara a las personas. Pero Jesús sabía que ya no estaría con los discípulos en forma corporal después de su muerte, resurrección y ascensión. Sin embargo, *tendrían* el Espíritu Santo viviendo dentro de ellos. En el nombre de Jesús podían pedir al Padre que les supliera las necesidades, y el Espíritu Santo obraría directamente por medio de ellos. Por eso Jesús afirmó que su partida les convenía, pues tendrían a su disposición el ilimitado Espíritu Santo de Cristo. Sin embargo, Jesús no podía enviar el Espíritu Santo a sus discípulos hasta que se hubiera ido.

Ya que Jesús estaba a punto de ascender a su Padre, reunió a sus discípulos para darles un último mensaje. Luego leemos: «Les mandó que no se fueran de Jerusalén, sino que esperasen la promesa del Padre, la cual, les dijo, oísteis de mí. Porque Juan ciertamente bautizó con agua, mas vosotros seréis bautizados con el Espíritu Santo dentro de no muchos días» (Hechos 1:4-5).

Jesús prometió que el Espíritu Santo vendría *después* de que el Señor se hubiera glorificado (por medio de su muerte, resurrección y ascensión). Indicó que el Espíritu Santo estaría *en* los discípulos. Añadió que el Espíritu Santo estaría en ellos como agua viva, una fuente continuamente disponible de ayuda divina. Jesús no dijo nada de que el Espíritu Santo se iría de los discípulos en algún momento.

3. ¿Por qué es beneficioso tener al Espíritu Santo morando dentro de nosotros? ¿Por qué Jesús debía ascender al cielo para que esto se llevara a cabo?

....

....

....

re, y os hará saber las cosas que habrán de venir» (Juan 16:13). ¿Qué significa que el Espíritu Santo no hablaría por su propia cuenta? ¿Qué nos habla el Espíritu Santo?

....

....

....

....

....

....

....

....

El Espíritu Santo en el nacimiento de Jesús

Hay varios ejemplos en los Evangelios en que el Espíritu Santo se mostró en acción en las vidas de individuos. Elisabet tuvo una experiencia con el Espíritu Santo cuando escuchó el saludo de María que llegaba a su casa. El bebé de Elisabet, Juan el Bautista, saltó en su vientre, y «Elisabet fue llena del Espíritu Santo» (Lucas 1:41). Luego le profetizó a María: «Bendita tú entre las mujeres, y bendito el fruto de tu vientre» (v. 42).

Zacarías, el esposo de Elisabet, quedó mudo por dudar que su esposa pudiera concebir en su vejez a Juan el Bautista. Después de declarar que el nombre de su bebé debía ser Juan, «Zacarías [...] fue lleno del Espíritu Santo», y entonces profetizó acerca del ministerio que su hijo tendría como «profeta del Altísimo» (Lucas 1:67, 76).

También leemos en el Evangelio de Lucas: «Había en Jerusalén un hombre llamado Simeón, y este hombre, justo y piadoso, esperaba la consolación de Israel; y el Espíritu Santo estaba sobre él. Y le había sido revelado por el Espíritu Santo, que no vería la muerte antes que viese al Ungido del Señor» (Lucas 2:25-26). Además, Simeón «movido por el Espíritu, vino al templo» cuando los padres de Jesús lo llevaron allí (Lucas 2:27). Simeón declaró que Jesús era el tan esperado Mesías. Cada una de estas personas experimentó una experiencia corta con el Espíritu Santo. El propósito de estos encuentros parece haber sido proclamar la obra del Señor de acuerdo a cómo se relacionaba con la vida y el ministerio de Jesús.

No obstante, ¿qué pasa con el Espíritu Santo en la vida del mismo Jesús? Los Evangelios revelan una imagen diferente del Espíritu Santo en acción antes de la venida de Jesús al mundo. En primer lugar, leemos que Jesús fue concebido por el Espíritu Santo. El ángel Gabriel le informó a María: «El Espíritu Santo vendrá sobre ti, y el poder del Altísimo te cubrirá con su sombra; por lo cual también el Santo Ser que nacerá, será llamado Hijo de Dios» (Lucas 1:35).

Cada momento de su existencia terrenal, Jesús estuvo lleno del Espíritu Santo. Fue concebido por el Espíritu Santo y este residió en Él continuamente de ahí en adelante. Como hijo de María, fue humano en todo sentido. Como Hijo de Dios, fue divino en todo sentido. Al venir a la tierra, Jesús renunció a la gloria que tenía en el cielo como Dios el Hijo, aunque no renunció a su divinidad.

5. ¿Qué papeles cumplió el Espíritu Santo en los acontecimientos que llevaron al nacimiento de Jesús? ¿Cómo influyó en Elisabet, Zacarías y Simeón?

6. ¿Qué significa ser cubierto por «el poder del Altísimo»? ¿Qué nos enseña esto acerca del papel del Espíritu Santo en nuestra vida?

EL ESPÍRITU SANTO EN EL MINISTERIO DE JESÚS

Muchas personas concluyen erróneamente que Jesús recibió el Espíritu Santo durante su bautismo en agua. Mateo escribe: «Jesús, después que fue bautizado, subió luego del agua; y he aquí los cielos le fueron abiertos, y vio al Espíritu de Dios que descendía como paloma, y venía sobre él. Y hubo una voz de los cielos, que decía: Este es mi Hijo amado, en quien tengo complacencia» (Mateo 3:16-17).

Al ser bautizado por Juan, Jesús obedeció al Padre, y después el Padre reveló en una manera especial el inicio del ministerio terrenal de Jesús. La manifestación del Espíritu Santo fue de aprobación y comisión, pues alumbró «sobre» Jesús como si el Padre estuviera dándole palmaditas en el hombro (así como un rey hace con la espada de un caballero). El Padre declaró su aprobación de Jesús y del momento en que su ministerio debía comenzar.

En ninguna parte los Evangelios relatan que Jesús *recibiera* el don del Espíritu Santo o que tuviera una *experiencia* de éxtasis o misticismo con el Espíritu. No tenemos mención de que Él creciera en el Espíritu Santo. Sabemos que «Jesús crecía en sabiduría y en estatura, y en gracia para con Dios y los hombres» (Lucas 2:52), pero esto se refiere al crecimiento de Jesús en su humanidad, no en su divinidad. Él fue totalmente Dios desde su nacimiento... aunque era completamente hombre. No tenía necesidad de ser lleno del Espíritu, ya que siempre lo estuvo.

Inmediatamente después del bautismo de Jesús, el Espíritu Santo lo llevó al desierto donde fue tentado por Satanás. La voluntad humana de Jesús fue puesta a prueba, pero emergió triunfante y totalmente alineado con la voluntad del Espíritu Santo de Dios. Después «Jesús volvió en el poder del Espíritu a Galilea» (Lucas 4:14). Esto no significa que adquiriera el Espíritu Santo en el desierto o que creciera en el Espíritu Santo mientras estuvo allí. Jesús ya estaba lleno a plenitud antes de entrar al tiempo de tentación.

Jesús no estuvo limitado en ninguna manera debido a su encuentro con el diablo durante esos cuarenta días. El diablo le lanzó sus mejores golpes y Jesús los rechazó todos. No hubo un solo momento en *todo el ministerio de Jesús* en que estuviera operando en algo menos que el poder total del Espíritu Santo. Ni siquiera al final de su ministerio se nos menciona que Jesús perdiera o renunciara al Espíritu Santo durante su crucifixión (cuando entregó su vida terrenal como sacrificio por nuestros pecados), ni en el momento de su resurrección ni en el de su ascensión al Padre.

Jesús *siempre* ha estado lleno del Espíritu Santo. Nunca ha habido ni siquiera un instante a lo largo de los siglos en que haya sido de otra manera. Esta presencia permanente e inmutable del Espíritu Santo en Jesús lo califica como miembro de la santísima Trinidad. En reiteradas ocasiones declaró a sus discípulos que no hacía nada que no viera hacer al Padre (ver Juan 5:19). Afirmó que Él y el Padre eran uno (ver Juan 10:30) y que conocía al Padre tal como el Padre lo conocía a Él (Juan 10:15). Todo el ministerio de Jesús se caracterizó por la llenura del Espíritu Santo.

7. ¿Por qué el Espíritu Santo descendió «como paloma» sobre Jesús? ¿Qué revela la paloma acerca del carácter del Espíritu? ¿De qué manera el Espíritu Santo nos hace más semejantes a Cristo?

....

....

....

....

8. Si dentro de los seguidores de Cristo vive el mismo Espíritu Santo que Jesús poseía, ¿qué sugiere esto respecto a nuestro poder sobre la tentación?

El Día de Pentecostés (cincuenta días después de la Pascua), Jesús envió su Espíritu, el Espíritu Santo, a llenar a su iglesia (su cuerpo de creyentes) así como su cuerpo terrenal físico había sido lleno una vez. Todos los creyentes en Cristo son ahora su cuerpo. Pablo escribe: «Así como el cuerpo es uno, y tiene muchos miembros, pero todos los miembros del cuerpo, siendo muchos, son un solo cuerpo, así también Cristo. Porque por un solo Espíritu fuimos todos bautizados en un cuerpo, sean judíos o griegos, sean esclavos o libres; y a todos se nos dio a beber de un mismo Espíritu» (1 Corintios 12:12-13).

El Padre extendió el mismo Espíritu Santo que residía en Jesús a fin de que llenara a todos los que creían y aceptaban lo que Jesús hizo en la cruz. Al hacerlo selló su redención en Cristo (ver Efesios 1:13). El glorioso acontecimiento del Espíritu Santo viniendo a los discípulos de Jesús caracteriza el nacimiento de la iglesia. Este es el comienzo de una manifestación nueva y perdurable del Espíritu Santo.

El Espíritu Santo en nosotros es la vida de Cristo en nosotros. Es su Espíritu en su cuerpo... tanto individual como colectivamente en nosotros, ya que estamos relacionados con los demás creyentes. Y así como el Espíritu Santo nunca salió de Jesús durante su vida, tampoco sale de nosotros. Qué maravillosa bendición ha puesto Dios a nuestra disposición, ¡una bendición desconocida para todos los que vivieron antes de la cruz!

9. ¿Qué significa ser miembro del cuerpo de Cristo?

10. ¿Qué significa «a todos se nos dio a beber de un mismo Espíritu»? ¿Qué sugiere el verbo *beber* acerca de la presencia del Espíritu Santo en nosotros?

HOY Y MAÑANA

Hoy: Dios brinda su Espíritu a todos los cristianos... de modo permanente.

Mañana: Alabaré al Padre por el tremendo regalo

ORACIÓN FINAL

Señor Jesús, te amamos y te alabamos. Gracias por esa maravillosa promesa del Espíritu Santo que hiciste a tus discípulos. Gracias por enviárselos (y enviárnoslo) el Día de Pentecostés. Gracias porque el Espíritu Santo mora realmente dentro de nosotros y obra en forma continua para convencernos de nuestros pecados y ayudarnos a recorrer la senda de la piedad. Gracias por el regalo de fe y de vida eterna. Que hoy podamos estar en sintonía con el Espíritu, recibir su dirección y dar pasos para movernos en el camino por el que nos obliga a ir.

OBSERVACIONES Y PETICIONES DE ORACIÓN

Use este espacio para escribir todos los puntos clave, preguntas o peticiones de oración del estudio de esta semana.

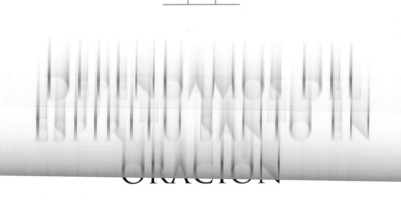

EL PODER DEL ESPÍRITU SANTO EN ORACIÓN

EN ESTA LECCIÓN

Enseñanza: ¿Cuál es el propósito de la oración?

Crecimiento: ¿Qué pasa si no sé cómo orar?

¿Batalla usted con la oración? De ser así, no está solo. Todo cristiano que conozco batalla a veces con la oración, por eso pregunta: «¿Cómo debo orar por esta situación o esta persona? ¿Cuál es la voluntad del Padre en este caso? ¿Cómo debo expresarme al Padre para transmitir lo que realmente quiero decir?». A veces nuestras emociones son demasiado profundas para poder expresarlas correctamente... por lo que tenemos dificultades con las palabras que debemos usar cuando oramos. En otras ocasiones nos confundimos al tratar de descubrir las posibilidades o problemas conflictivos en tal o cual circunstancia. Aun otras veces nos sentimos bajo fuerte ataque del enemigo, que pareciera que estuviéramos luchando por nuestras vidas, ¡y lo único que podemos expresar es un clamor desesperado por ayuda!

¿Se ha detenido usted alguna vez a reconocer que aun Jesús en su humanidad luchó con la oración? Él sabía que había venido a este mundo para convertirse en la expiación suficiente por nuestros pecados. Les dijo a sus discípulos durante la última semana que tuvo de vida en el mundo: «Ha llegado la hora para que el Hijo del Hombre sea glorificado. De cierto, de cierto os digo, que si el grano de trigo no cae en la tierra y muere, queda solo; pero si muere, lleva mucho fruto. [...] Ahora está turbada mi alma; ¿y qué diré? ¿Padre, sálvame de esta hora? Mas para esto he llegado a esta hora. Padre, glorifica tu nombre» (Juan 12:23-24, 27-28).

Incluso con este conocimiento y valor, Jesús luchó con la oración. Mateo nos dice que en las últimas horas antes que lo traicionaran, Jesús agonizó en oración en el huerto de Getsemaní. Admitió ante sus discípulos: «Mi alma está muy triste, hasta la muerte; quedaos aquí, y velad conmigo» (Mateo 26:38). Jesús oró porque, de ser posible, fuera librado de su crucifixión. Sin embargo, su última oración fue: «Padre mío, si no puede pasar de mí esta copa sin que yo la beba, hágase tu voluntad» (Mateo 26:42). Lucas agrega que Jesús tenía tal agonía que «era su sudor como grandes gotas de sangre que caían hasta la tierra» (Lucas 22:44).

Sí, Jesús luchó con la oración. Y nosotros también batallamos, si es que la oración significa algo para nosotros y sentimos la carga de interceder por otros. Sin embargo, podemos animarnos en tales momentos de lucha. Como Pablo enseñó: «El Espíritu nos ayuda en nuestra debilidad; pues qué hemos de pedir como conviene, no lo sabemos, pero el Espíritu mismo intercede por nosotros con gemidos indecibles» (Romanos 8:26). ¡El Espíritu Santo mora dentro de nosotros para ayudarnos en nuestra vida de oración! Podemos contar con Él para que nuestras oraciones sean eficaces.

1. ¿A qué se refirió Pablo cuando declaró: «Qué hemos de pedir como conviene, no lo sabemos»? ¿Te has sentido de igual manera?

2. ¿Con qué debilidades ayuda el Espíritu Santo cuando se trata de orar?

Nuestro deseo como cristianos siempre debe ser orar dentro de la voluntad del Padre, la cual incluye todo lo que personalmente es beneficioso y bueno para nosotros y todo lo que es beneficioso y bueno para sus hijos... de manera simultánea y eterna. Su plan es superior a nuestra capacidad de entenderlo. Los propósitos del Padre para nuestras vidas están más allá de nuestra comprensión.

Ante esto, ¿cómo podemos orar *dentro de* la voluntad del Padre? Si oramos por los no salvos, nuestra oración debe ser porque acepten a Jesucristo como su Salvador personal y porque lo sigan como Señor. Si oramos por compañeros creyentes en Jesucristo, podemos saber que ciertas cosas están siempre dentro de la voluntad del Padre. Tenemos un buen modelo para esto en la carta de Pablo a los filipenses, en que presenta la siguiente oración por ellos:

> Doy gracias a mi Dios siempre que me acuerdo de vosotros, siempre en todas mis oraciones rogando con gozo por todos vosotros, por vuestra comunión en el evangelio, desde el primer día hasta ahora; estando persuadido de esto, que el que comenzó en vosotros la buena obra, la perfeccionará hasta el día de Jesucristo. [...] Y esto pido en oración, que vuestro amor abunde aun más y más en ciencia y en todo conocimiento, para que aprobéis lo mejor, a fin de que seáis sinceros e irreprensibles para el día de Cristo, llenos de frutos de justicia que son por medio de Jesucristo, para gloria y alabanza de Dios. (Filipenses 1:3-6, 9-11)

Las palabras de Pablo nos dicen que siempre y en todo momento podemos orar por los siguientes aspectos de los creyentes: (1) que Cristo complete la obra que empezó en ellos, (2) que su amor abunde, (3) que crezcan en conocimiento y discernimiento, (4) que vivan con sinceridad mientras siguen a Cristo y que nunca ofendan el nombre del Señor, (5) que estén llenos de los frutos de justicia y (6) que sus vidas puedan llevar gloria y alabanza a Dios.

En Colosenses, Pablo provee otro modelo de oración que siempre podemos hacer en la voluntad de Dios por nuestros compañeros creyentes.

> También nosotros, desde el día que lo oímos, no cesamos de orar por vosotros, y de pedir que seáis llenos del conocimiento de su voluntad en toda sabiduría e inteligencia espiritual, para que andéis como es digno del Señor, agradándole en todo, llevando fruto en toda buena obra, y creciendo en el conocimiento de Dios; fortalecidos con todo poder, conforme a la potencia de su gloria, para toda paciencia y longanimidad; con gozo dando gracias al Padre que nos hizo aptos para participar de la herencia de los santos en luz. (Colosenses 1:9-12)

La voluntad de Dios es que nuestros compañeros creyentes en Cristo conozcan la voluntad del Señor, tengan su sabiduría, crezcan en comprensión espiritual, caminen en justicia, lleven fruto, aumenten su intimidad con el Señor y sean fuertes, pacientes y gozosos. Lo animo a usar estas oraciones como su modelo básico de interceder por otros.

3. ¿Le agradece usted a Dios por los amigos cristianos en su vida? ¿Por qué podría esto encontrarse dentro de la voluntad de Dios para la vida de oración que usted lleva?

....

....

....

....

....

....

4. ¿Qué significa conocer la voluntad de Dios, tener la sabiduría del Señor, llevar fruto en toda buena obra y crecer en intimidad con el Señor? ¿Cómo puede orar usted esta semana por cada uno de estos aspectos en la vida de otra persona?

GUÍA DEL ESPÍRITU SANTO EN ORACIÓN

Nuestra lucha por orar dentro de la voluntad del Padre ocurre más a menudo cuando no sabemos *cómo* orar. Hace varios años visité a una mujer en el hospital. Estaba muy enferma, y me pidió que orara por su sanidad. Intenté orar como solicitó, pero me encontré orando por todo menos por su sanidad. En mi espíritu tuve un creciente conocimiento de que la sanidad no era el plan de Dios para ella, pues estaba a punto de llevársela a casa. Efectivamente, murió al día siguiente.

En los momentos difíciles en que no sabemos cómo orar, o en que nos sentimos impotentes para orar lo que teníamos en mente, Pablo nos dice que el Espíritu Santo «nos ayuda en nuestra debilidad» (Romanos 8:26). Esta frase en griego significa literalmente que el Espíritu Santo comparte la carga. Se levanta bajo la carga que sentimos y nos ayuda a realizar la oración. La misma palabra griega se usa en Lucas 10:38-42, donde leemos que Marta se distrajo de sentarse a los pies de Jesús porque estaba preocupada por disponer los alimentos en la mesa. Le pidió a Jesús: «Dile, pues [a mi hermana] que me *ayude*» (Lucas 10:40).

La implicación en ambos lugares es que la ayuda es de naturaleza práctica. En el caso de Marta, ella está «afanada y turbada» por servir a sus huéspedes (Lucas 10:41). Esta frase sugiere que ella estaba dando rodeos. ¿No es esta la forma en que a menudo nos sentimos en nuestras oraciones? Le damos vueltas al problema con la esperanza de acorralarlo. Pero podemos confiar en que el Espíritu Santo nos ayude en forma práctica: guiándonos a respuestas y soluciones de Dios para que oremos en la voluntad del Padre.

5. «Qué hemos de pedir como conviene, no lo sabemos, pero el Espíritu mismo intercede por nosotros con gemidos indecibles» (Romanos 8:26). ¿Qué significa que el Espíritu Santo «intercede por nosotros»?

6. ¿Por qué el Espíritu Santo intercede «con gemidos indecibles»? ¿Cómo nos reconforta eso cuando no sabemos qué orar?

El Espíritu Santo entiende

Si queremos recibir la ayuda del Espíritu Santo en oración, lo único que debemos hacer es pedirla. Pidámosle ayuda *antes* de orar y *mientras* oramos. No nos desanimemos. ¡Debemos mantenernos orando cuando más desanimados nos encontremos respecto a la oración! Jesús prometió que su Consolador estaría siempre disponible y que podemos acceder a Él al instante. Nunca se halla fuera de oficina cuando lo necesitamos. Dios valora nuestras oraciones, y en realidad nos *ordena* orar. La oración es parte de su plan para lograr sus propósitos en esta tierra. Dios mismo diseñó este plan para orar y quiere que lo realicemos con éxito.

Además, podemos confiar en que el Espíritu Santo entiende

gundo, *el Espíritu Santo entiende nuestras necesidades dentro de la situación.* Pablo escribe: «¿Qué, pues, diremos a esto? Si Dios es por nosotros, ¿quién contra nosotros? El que no escatimó ni a su propio Hijo, sino que lo entregó por todos nosotros, ¿cómo no nos dará también con él todas las cosas?» (Romanos 8:31-32). Tenemos todo lo necesario para hacer todo lo que Él nos ha llamado a hacer. *Tercero, el Espíritu Santo entiende el plan de Dios.* Pablo escribe en 1 Corintios 2:9-10: «Cosas que ojo no vio, ni oído oyó, ni han subido en corazón de hombre, son las que Dios ha preparado para los que le aman. Pero Dios nos las reveló a nosotros por el Espíritu; porque el Espíritu todo lo escudriña, aun lo profundo de Dios».

Cuando oramos, el Espíritu Santo nos revela el plan de Dios. Oremos por todo lo que pensemos, luego hagamos una pausa y escuchemos cómo Dios nos habla. Tal vez no lo escuchemos con voz audible, pero de repente pensaremos en aspectos adicionales por los cuales orar. Oremos por eso, y entonces volvamos a escuchar. Al continuar este proceso comenzamos a recibir sabiduría del Espíritu Santo. Obtenemos una sensación de paz y de que la situación se ha resuelto. Recibimos una profunda seguridad de que Dios está contestándonos y que tiene el control.

A veces podemos recibir dirección clara: saber qué hacer, cuándo tomar acción y cómo buscar respuesta divina. En tales casos, recibamos este conocimiento por fe y agradezcamos al Señor. Expresemos gratitud a Dios y nuestra intención de actuar según lo que el Señor nos ha revelado. Si hemos entendido mal lo que el Señor ha dicho, podemos tener la seguridad de que Él nos corregirá rápidamente... siempre y cuando permanezcamos abiertos a la dirección y la guía del Espíritu Santo.

Mientras oramos también podríamos descubrir que ciertas ideas o palabras vienen a nuestra mente. Estas pueden ser palabras de la Biblia, frases de consuelo o un mensaje que tenga significado para nuestra situación. Esto finalmente forma un patrón que tiene significado y que representa la respuesta de Dios que necesitamos.

7. «No hemos recibido el espíritu del mundo, sino el Espíritu que proviene de Dios, para que sepamos lo que Dios nos ha concedido» (1 Corintios 2:12). ¿Qué es «el espíritu del mundo»? ¿En qué se diferencia del Espíritu Santo?

8. ¿Qué cosas «nos ha concedido Dios»? ¿Cómo afectan nuestra vida de oración estos obsequios?

La ayuda del Espíritu Santo en la intercesión

Pablo explicó que el Espíritu Santo «intercede por nosotros con gemidos indecibles» (Romanos 8:26). El Espíritu Santo no es quien lleva nuestras *palabras* de oración a Jesús, pero es quien presenta

El Espíritu Santo revela entonces la respuesta del Padre en maneras que podemos entender, aunque tal vez no somos capaces de expresarla en palabras. Podemos saber en lo más profundo de nuestro ser que todo va a salir bien, que una respuesta está en camino y que podemos tener la seguridad de que Dios responde con compasión y amor. Esto significa que no podemos orar por cosas *equivocadas*. El Espíritu Santo ve más allá de nuestro entendimiento superficial y se enfoca en el verdadero problema que necesita ser resuelto. Su respuesta para nosotros se basa en nuestra necesidad y en el plan de Dios. Por tanto, su oración por nosotros y la respuesta que nos da están siempre de acuerdo con la voluntad del Padre para nosotros.

En ocasiones el Espíritu Santo nos dirigirá a orar por otros en maneras que quizás no comprendamos de inmediato. Mientras oramos, podríamos sentirnos movidos a interceder por personas que están muy lejos de nosotros o que ni siquiera conocemos. Otras veces no podremos quitar de nuestra mente el nombre de alguien y nos sentiremos obligados a orar por esa persona.

Nuestro Padre celestial nos *invita* a orar y *utiliza* nuestras oraciones. Aunque sin duda puede actuar sin tales oraciones, la Biblia es clara en que Él ha determinado que oremos. El Padre sabe que cuando intercedemos por otros nuestra fe se levanta en el proceso. Al ver cómo responde nuestras peticiones, aumenta como resultado nuestra confianza en que Dios ve y cuida de cada detalle de nuestras vidas. Hay una gran recompensa en cooperar en oración con el Espíritu Santo. Ese premio se manifiesta tanto en las vidas de aquellos por quienes oramos como en las nuestras.

9. «Vosotros, amados, edificándoos sobre vuestra santísima fe, orando en el Espíritu Santo, conservaos en el amor de Dios, esperando la misericordia de nuestro Señor Jesucristo para vida eterna» (Judas 1:20-21). ¿Qué significa edificarnos sobre nuestra «santísima fe»? ¿Cómo se hace esto?

10. En vista de todo lo que hemos considerado en esta lección, ¿qué significa «orar en el Espíritu Santo»? ¿Qué significa conservarnos «en el amor de Dios»?

HOY Y MAÑANA

Hoy: A través de la oración, el Espíritu Santo me mantiene en contacto constante con el Padre.

Mañana: Pasaré tiempo extra en oración esta semana para

ORACIÓN FINAL

Padre celestial, no siempre sabemos qué orar o cómo hacerlo. Gracias por amarnos lo suficiente para proveernos el Espíritu Santo como nuestro intercesor, que es quien te comunica las peticiones que debemos hacer, pero que no siempre expresamos correctamente. Oramos porque de manera personal y continua nos hagas conscientes de quién vive dentro de nosotros y del asombroso potencial que tenemos a disposición para influir en las vidas de los demás. Gracias por el poder que nos concedes por medio de la oración.

OBSERVACIONES Y PETICIONES DE ORACIÓN

Use este espacio para escribir todos los puntos clave, preguntas o peticiones de oración del estudio de esta semana.

LECCIÓN 6

EN ESTA LECCIÓN

Enseñanza: ¿En qué se diferencia pecar contra el Espíritu Santo de otro pecado?

Crecimiento: ¿Puedo cometer el pecado imperdonable?

¿Hemos pecado alguna vez contra el Espíritu Santo? La mayoría de las personas reconoce que es posible pecar contra Dios el Padre y contra Jesús el Hijo. Pero también podemos pecar contra el Espíritu Santo. Todos los pecados son contra la Trinidad. Sin embargo, el Nuevo Testamento describe tres maneras específicas en que nuestras acciones pueden resultar *directamente* contra el Espíritu Santo: (1) apagar el Espíritu Santo, (2) contristar al Espíritu Santo y (3) blasfemar contra el Espíritu Santo. Cuando hacemos esto evitamos su poder en nuestras vidas. En esta lección echaremos una mirada a cada uno de estos pecados contra el Espíritu Santo y a cómo podemos evitarlos en nuestro caminar cristiano.

APAGAR EL ESPÍRITU SANTO

Pablo declara con franqueza: «No apaguéis al Espíritu» (1 Tesalonicenses 5:19). Como analizamos en una lección anterior, durante mucho tiempo se ha asociado al fuego con el Espíritu Santo (ver Hechos 2:3). A su vez, el fuego se asocia con limpieza, luz, calor, energía, refinamiento y purificación. La palabra *apagar* significa apropiadamente «sofocar o inutilizar». Pablo quiso decir: «No sofoquen el fuego del Espíritu Santo en sus vidas. No lancen agua fría sobre el fuego de Dios en sus corazones».

No podemos arrojar suficiente agua fría sobre el fuego de Dios como para extinguirlo por completo. Una vez que hemos confesado a Cristo, no podemos desterrar de nuestras vidas al Espíritu Santo. Él habita en nosotros y ha sellado nuestra redención. Pero sí podemos impedir que el Espíritu Santo obre con eficacia en nosotros. Podemos anular su voluntad, rechazar sus dictados o hacer caso omiso a su presencia.

¿Ha estado usted alguna vez en algún lugar con alguien que no le presta atención? Podría decirse que tal persona lo trata con «indiferencia». Podemos hacerle lo mismo al Espíritu Santo y así cortar la obra que de otro modo Él podría hacer en nosotros. Para poder actuar, el Espíritu Santo no se moverá contra nuestra voluntad o sin nuestra invitación. Su obra en nuestra vida será tan poderosa y eficaz como le permitamos que sea. El deseo de Dios es que seamos fuertes en el Espíritu Santo y aceptemos su obra en nuestra vida. Él quiere actuar audazmente en la plenitud de su poder.

Hay tres maneras en que podemos apagar la obra del Espíritu Santo. *Primera: decir no a algo que Dios nos dirige a hacer.* Preferimos nuestra voluntad por sobre la de Dios y seguimos nuestro propio camino. Si nos alejamos de su dirección, el Espíritu Santo no puede hacer nada para ayudarnos ni puede mantenernos en el centro del plan divino. No nos ayudará a hacer algo que sabe que es contrario a lo mejor que Dios tiene para nosotros.

Segunda: hacer caso omiso a la presencia del Espíritu Santo. Nuevamente, este es un asunto de la voluntad. Podemos seguir viviendo a nuestra manera y negarnos a reconocer la ayuda del Espíritu Santo, negarnos a pedirle ayuda o negarnos a aceptarla. Cada una de estas acciones apaga su obra en nosotros.

Tercera: pecar reiteradamente. Nuestro pecado hace que el Espí-

nuestra relación con Él. Cualquiera que alguna vez haya acampado o tenido una chimenea sabe que es más fácil mantener un fuego ardiendo que iniciarlo. Debemos mantener nuestra relación con el Espíritu Santo. Debemos hablarle diariamente (tal como podemos orarle a Dios el Padre y a Jesús el Hijo), reconocer su presencia, pedirle ayuda e invitarlo a que nos guíe por las sendas correctas.

Cuando pecamos, debemos ser rápidos en responder a los codazos de convicción que el Espíritu nos propina. Al instante debemos confesar nuestro pecado, arrepentirnos y regresar al sendero que sabemos que Dios desea que recorramos. Cuando el Espíritu Santo nos insta a ir en cierta dirección, es importante reaccionar afirmativamente. Debemos responder rápidamente a lo que Él nos guía a hacer y permanecer firmes en el Señor.

1. «Someteos, pues, a Dios; resistid al diablo, y huirá de vosotros» (Santiago 4:7). ¿Cómo el reconocer al Espíritu Santo y someternos a su obra nos ayuda a mantenernos firmes en nuestra fe a fin de poder resistir los ataques y las intrigas del diablo?

2. «No os engañéis; Dios no puede ser burlado: pues todo lo que el hombre sembrare, eso también segará» (Gálatas 6:7). ¿De qué manera sembrar reiteradamente las «semillas» de pecado apagan la obra del Espíritu Santo en nosotros?

....

....

....

....

....

....

....

....

....

3. «Fortaleceos en el Señor, y en el poder de su fuerza» (Efesios 6:10). ¿Qué significa fortalecernos en el Señor? ¿Cómo el mantener nuestra relación con el Espíritu Santo puede ayudarnos a permanecer fuertes en el poder de la fortaleza de Dios?

....

....

....

....

....

....

....

....

....

CONTRISTAR EL ESPÍRITU SANTO

Una segunda manera en que interrumpimos la obra del Espíritu Santo es contristándolo. Pablo escribió: «No contristéis al Espíritu Santo de Dios, con el cual fuisteis sellados para el día de la redención» (Efesios 4:30). Estas palabras están incrustadas en un pasaje en que el apóstol exhortó a los creyentes en Éfeso: «Ya no andéis como los otros gentiles», sino «vestíos del nuevo hombre, creado según Dios en la justicia y santidad de la verdad» (Efesios 4:17, 24). Les dijo que pusieran de lado la mentira, la ira, el robo y las conversaciones corrompidas (ver Efesios 4:25-29). Pablo resumió esto al declarar: «Quítense de vosotros toda amargura, enojo, ira, gritería y maledicencia, y toda malicia. Antes sed benignos unos con

bras hirientes. Sabían que tales cosas daban lugar al diablo.

Pablo vivió y ministró entre los efesios durante dos años, y su ministerio influyó poderosamente en la ciudad de Éfeso; ¡pero aún tenía que recordarles a esos cristianos que no cometieran tales faltas! Era como si debiera volver al punto de partida con ellos. Cuando los efesios rompían los más evidentes mandamientos de Dios, producían tristeza en el Espíritu Santo. Pablo quiso decir en realidad: «El comportamiento de ustedes destroza el corazón de Dios».

Nuestros pecados pueden contristar al Espíritu Santo porque Él nos ama y desea profundamente recompensarnos, bendecirnos y ver buen fruto en nosotros. Sabe que el pecado nos destruye, ocasionando consecuencias muy negativas. Del modo en que nos entristecemos cuando sabemos que nuestros seres amados están haciendo algo que les causará daño, así Él se entristece por nuestras acciones pecaminosas.

Sin embargo, evitamos contristar al Espíritu Santo si cumplimos los mandamientos de Dios y llevamos una vida disciplinada. Cuando pecamos, podemos optar por confesar de inmediato nuestras faltas, arrepentirnos y luego cambiar nuestra mente y nuestro comportamiento para conformarnos a los estatutos divinos. Al pedirle a diario al Espíritu Santo que nos guíe y nos ayude, sabemos con certeza que contamos con su ayuda en nuestro caminar cristiano. Él mantiene nuestra posición firme y nos da valor para resistir la tentación.

4. ¿De qué manera esa amargura, ira, enojo y palabras cortantes hacia otros salen a la superficie en nuestra vida? ¿Por qué estas acciones pecaminosas contristan al Espíritu Santo?

....

....

....

....

....

....

5. ¿Por qué es importante que los creyentes en Cristo practiquen bondad y se perdonen unos a otros? ¿De qué manera estas acciones fortalecen nuestra relación con el Espíritu Santo?

....

....

....

....

....

....

....

BLASFEMAR CONTRA EL ESPÍRITU SANTO

En el Evangelio de Mateo leemos sobre un enfrentamiento entre Jesús y los fariseos, algunos de los líderes religiosos que conspiraban para destruirlo debido a los milagros que había realizado en el día de reposo. Jesús estaba consciente de que los fariseos conspiraban contra Él y también sabía cuáles eran sus verdaderas motivaciones. Sin embargo, continuó su obra entre el pueblo y sanó en el día de reposo a un individuo que estaba endemoniado y que no podía ver ni escuchar.

No había duda de que el hombre había sido sanado y liberado poderosamente. Pero los fariseos intentaban destruir la credibilidad de Jesús, así que insistieron en que había sanado por el poder de Beelzebú, gobernante de los demonios. Jesús replicó: «Todo reino dividido contra sí mismo, es asolado» (Mateo 12:25). En otras palabras, Satanás no puede dar poder a nadie ni inspirarlo para que haga algo bueno. Si lo hiciera, el diablo estaría instaurando su propia caída.

Los fariseos también estaban haciendo una afirmación errada

pleto la verdad acerca de Dios y el diablo.

Jesús les contestó: «El que no es conmigo, contra mí es; y el que conmigo no recoge, desparrama [...] Todo pecado y blasfemia será perdonado a los hombres; mas la blasfemia contra el Espíritu no les será perdonada. A cualquiera que dijere alguna palabra contra el Hijo del Hombre, le será perdonado; pero al que hable contra el Espíritu Santo, no le será perdonado, ni en este siglo ni en el venidero» (Mateo 12:30-32).

Jesús estaba diciendo: «Ustedes pueden decir lo que quieran respecto a mí, pero no pronuncien tal perversión sobre el Espíritu Santo. Al blasfemar contra Dios de este modo, afirman que Dios no desea perdonar ni liberar a las personas. Mientras crean eso y se lo enseñen a otros no podrán experimentar perdón y liberación del Señor. Si no creen que Dios quiere perdonar a las personas y restaurar la integridad en ellas, ustedes nunca estarán abiertos al sacrificio que voy a hacer en la cruz del Calvario».

Las palabras de Jesús fueron dirigidas a los fariseos, que se habían puesto en conflicto con Él y planeaban destruirlo. Jesús pronunció estas palabras antes de su muerte en la cruz y antes de su resurrección. Las expresó como una advertencia a los fariseos con el fin de hacerles saber que conocía la intención plena de sus corazones y el significado total de sus afirmaciones. Llamó imperdonable a este pecado de blasfemar contra el Espíritu Santo.

A muchos creyentes de hoy les preocupa igualmente haber cometido el pecado imperdonable. Pero déjeme asegurarle que *no* existe *ninguna* manera en que usted pueda haberlo cometido, aunque tenga *alguna* preocupación al respecto. Además, esta es la *única vez* que encontramos estas palabras en la Biblia, y el mensaje fue dirigido exclusivamente a los fariseos, quienes estaban excluyéndose de la posibilidad de reconocer a Jesús como su Salvador y Señor. En ninguna otra ocasión en el Nuevo Testamento se menciona que haya algún pecado imperdonable. No hay advertencias en contra ni enseñanzas al respecto. Por el contrario, numerosos pasajes de las Escrituras anuncian que el perdón de Dios se da gratuitamente y está disponible para todos los que lo soliciten.

6. «Si decimos que no tenemos pecado, nos engañamos a nosotros mismos, y la verdad no está en nosotros. Si confesamos nuestros pecados, él es fiel y justo para perdonar nuestros pecados, y limpiarnos de toda maldad» (1 Juan 1:8-9). ¿Cómo prueban estos versículos que no se puede cometer un pecado que Dios no esté dispuesto a perdonar? ¿Cómo el simple acto de reconocer nuestro pecado nos hace elegibles para el perdón?

7. ¿Sobre qué bases perdona Dios los pecados? ¿Hay algo, además de confesar, que podamos hacer?

Peligro del estado imperdonable

Dada esta evidencia en las Escrituras, no debemos preocuparnos con la pregunta de si es imperdonable blasfemar contra el Espíritu Santo. Más bien debemos enfocarnos en la cuestión más importante: si nos negamos a recibir el perdón que Dios ofrece gratuitamente,

Aceptar lo que Jesús hizo en la cruz (creer en Él como Salvador) produce vida eterna.

De igual manera, cuando deliberadamente nos alejamos de Dios y vamos tras la lujuria de la carne, atamos las manos del Espíritu Santo en nuestra vida. Él no nos obligará a experimentar la voluntad de Dios. Nos convencerá de nuestro pecado, nos hablará de Jesús y nos castigará por nuestra rebelión, pero no anulará nuestras decisiones. Como cristianos, nuestra rebelión no nos colocará en un estado imperdonable, ¡pero nos llevará a un estado miserable!

No podemos estar felices ni conocer la plenitud del gozo, la paz y las bendiciones de Dios si estamos en pecado y rechazamos el perdón de Dios. Estaremos separados de la plenitud de nuestro potencial y de la bendición máxima que Dios tiene para nosotros de lograr nuestro destino en Él. Y permaneceremos en ese estado miserable hasta que confesemos a Dios nuestros pecados y recibamos su perdón.

8. «De [Jesús] dan testimonio todos los profetas, que todos los que en él creyeren, recibirán perdón de pecados por su nombre» (Hechos 10:43). ¿Cómo asegura este versículo que el perdón de pecados está disponible para todos, independientemente del tipo de pecado?

9. «La paga del pecado es muerte, mas la dádiva de Dios es vida eterna en Cristo Jesús Señor nuestro» (Romanos 6:23). ¿Qué quiere decir Pablo cuando afirma que la paga del pecado es muerte? ¿Cómo se diferencia la paga de la dádiva?

10. Según este versículo, ¿qué se requiere de una persona para que reciba vida eterna? ¿Qué es lo único que puede evitar que reciba esa dádiva?

HOY Y MAÑANA

Hoy: Mis pecados pueden contristar y apagar al Espíritu Santo.

Mañana: Pediré al Señor que me muestre aspectos

ORACIÓN FINAL

Señor Jesús, gracias por pagar en la cruz el castigo de nuestros pecados. Gracias por tu increíble regalo de perdón por nuestros pecados. Sabemos que hemos fallado en el pasado y que volveremos a fallar en el futuro, pero confiamos en tu promesa de que eres tú quien restaura nuestra comunión con el Padre cuando nos arrepentimos. Ayúdanos a no contristar al Espíritu Santo y a no apagar la obra que desea hacer en nosotros. Ayúdanos a seguir siendo más y más como tú.

OBSERVACIONES Y PETICIONES DE ORACIÓN

Use este espacio para escribir todos los puntos clave, preguntas o peticiones de oración del estudio de esta semana.

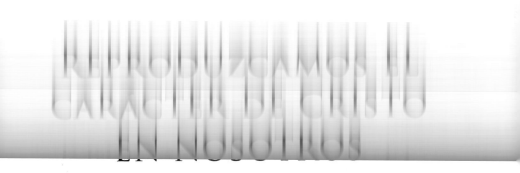

EN ESTA LECCIÓN

Enseñanza: ¿A qué se refiere la Biblia cuando habla del «fruto del Espíritu»?

Crecimiento: ¿Cómo puedo tratar de obtener continuamente el fruto del Espíritu en mi vida?

¿Cómo se puede identificar a un cristiano? La respuesta bíblica es que un cristiano lleva el fruto del Espíritu Santo. En otras palabras, un cristiano mostrará las mismas cualidades de carácter que Jesucristo exhibió durante su vida en esta tierra. El fruto que llevamos es la expresión externa de que somos verdaderos seguidores de Jesucristo. Este tema de «llevar fruto» fue importante en el ministerio de Jesús. En el Sermón del Monte declaró:

Guardaos de los falsos profetas, que vienen a vosotros con vestidos de ovejas, pero por dentro son lobos rapaces. Por sus frutos los conoceréis. ¿Acaso se recogen uvas de los espinos, o higos de los abrojos? Así, todo buen árbol da buenos frutos, pero el árbol malo da frutos malos. No puede el buen árbol dar malos frutos, ni el árbol malo dar frutos buenos. Todo árbol que no da buen fruto, es cortado y echado en el fuego. Así que, por sus frutos los conoceréis. (Mateo 7:15-20)

Jesús repitió esta enseñanza a sus discípulos en términos más positivos:

Yo soy la vid verdadera, y mi Padre es el labrador. Todo pámpano que en mí no lleva fruto, lo quitará; y todo aquel que lleva fruto, lo limpiará, para que lleve más fruto. [...] Permaneced en mí, y yo en vosotros. Como el pámpano no puede llevar fruto por sí mismo, si no permanece en la vid, así tampoco vosotros, si no permanecéis en mí. Yo soy la vid, vosotros los pámpanos; el que permanece en mí, y yo en él, éste lleva mucho fruto; porque separados de mí nada podéis hacer. El que en mí no permanece, será echado fuera como pámpano, y se secará; y los recogen, y los echan en el fuego, y arden. Si permanecéis en mí, y mis palabras permanecen en vosotros, pedid todo lo que queréis, y os será hecho. En esto es glorificado mi Padre, en que llevéis mucho fruto, y seáis así mis discípulos. (Juan 15:1-2, 4-8)

Sin duda alguna, Jesús espera que llevemos fruto: el fruto de su semejanza.

1. «Todo pámpano que en mí no lleva fruto, lo quitará; y todo aquel que lleva fruto, lo limpiará, para que lleve más fruto» (Juan 15:2). ¿Por qué un hortelano poda una rama que ya lleva fruto? ¿Qué consigue con esto?

....

....

....

....

2. ¿Qué implica el proceso de poda? ¿Qué podría implicar esto en la vida de una persona?

....

....

....

....

PEDRO LLEVÓ FRUTO

Pedro es un gran ejemplo de la obra del Espíritu Santo en la vida de alguien para que produzca fruto. El apóstol había seguido de cerca a Jesús durante casi tres años. Había sido testigo de los muchos milagros del Señor. Había escuchado sus sermones y había observado su conducta. ¡Pedro incluso caminó sobre el agua con el Señor! Pero a raíz del arresto de Jesús en el huerto de Getsemaní, tres veces negó conocer a su amado Maestro.

No obstante, después que Pedro recibiera el Espíritu Santo el Día de Pentecostés, predicó uno de los sermones más poderosos en las Escrituras.

Enseñó al mismo pueblo ante el cual antes ni siquiera se atrevió a abrir la boca:

> Varones israelitas, oíd estas palabras: Jesús nazareno, varón aprobado por Dios entre vosotros con las maravillas, prodigios y señales que Dios hizo entre vosotros por medio de él, como vosotros mismos sabéis; a éste, entregado por el determinado consejo y anticipado conocimiento de Dios, prendisteis y matasteis por manos de inicuos, crucificándole. (Hechos 2:22-23)

Esas no son las palabras de un hombre cobarde; son palabras de audaz predicación. ¡Pedro estaba llevando buen fruto!

Dos clases de fruto

La Biblia enseña que hay dos tipos de fruto. El primero es el de *obras y hechos*. Jesús cita esta clase de fruto en Mateo 7:15-20, donde los falsos profetas son conocidos por sus palabras y acciones malvadas. La segunda clase de fruto es de *carácter*. Este fruto interior es más importante, ya que lo que hacemos siempre es un flujo natural de quienes somos. Es posible que podamos ocultar por un tiempo nuestro mal carácter detrás de buenas obras, pero finalmente nuestro verdadero carácter se evidenciará.

En su epístola a los Gálatas, Pablo describe los rasgos de carácter que el Señor quiere que tengamos:

> Manifiestas son las obras de la carne, que son: adulterio, fornicación, inmundicia, lascivia, idolatría, hechicerías, enemistades, pleitos, celos, iras, contiendas, disensiones, herejías, envidias, homicidios, borracheras, orgías, y cosas semejantes a estas; acerca de las cuales os amonesto, como ya os lo he dicho antes, que los que practican tales cosas no heredarán el reino de Dios. Mas el fruto del Espíritu es amor, gozo, paz, paciencia, benignidad, bondad, fe, mansedumbre, templanza; contra tales cosas no hay ley. (Gálatas 5:19-23)

La norma divina para llevar fruto es justicia, pureza y obediencia a la ley moral. Pablo advirtió reiteradamente a los gentiles cristianos que en el evangelio no hay ninguna provisión para la impureza, que no hay licencia para pecar.

3. ¿Cuál es la diferencia entre el fruto de las obras y los hechos, y el fruto del carácter? ¿Por qué es el carácter el más importante de los dos que debemos exhibir?

....

....

....

....

....

....

4. ¿Cuáles dice Pablo que son las «obras de la carne»? ¿Cuál es la consecuencia para quienes deciden practicarlas?

....

....

....

....

consecuencias para quienes deciden llevar el Espíritu a sus vidas?

....

....

....

....

....

....

....

....

Naturaleza de quien lleva fruto

La Biblia revela algunos aspectos importantes en cuanto a que los creyentes en Cristo deben llevar fruto. *En primer lugar, a los seguidores de Jesús se les ordena llevar fruto.* Esta no es una opción. Las palabras que el Señor pronunció y las enseñanzas de los escritores del Nuevo Testamento registradas respecto a llevar fruto son órdenes. *Permaneced* en mí. *Llevad* fruto. *Andad* en el Espíritu. *Haced* que el árbol sea bueno.

Segundo, debemos llevar buen fruto. Tenemos una opción en la clase de fruto que podemos producir. Tanto Jesús como Pablo nos exhortaron a llevar el fruto que Dios reconoce como bueno. El buen fruto es hermoso a la vista; es casi irresistible. También es sano: no está dañado por enfermedades ni golpes. El buen fruto lleva dentro semillas sanas que producen vida nueva. En términos espirituales, el buen fruto atrae a otros hacia Cristo y no está contaminado por el pecado. Tal fruto tiene dentro algo que perdurará para siempre.

Solamente la obra del Espíritu Santo es realmente buena, porque es eterna y sin mancha, y lleva a otros a aceptar a Jesucristo como su Salvador. El fruto que produce el Espíritu Santo tiene la misma cualidad de bondad que se encuentra en el Espíritu mismo. En la analogía de Jesús acerca de la vid, el Espíritu Santo es la fuerza vital que fluye a través de la parra y produce fruto dentro de nosotros. Jesús fue habitado por el mismo Espíritu Santo que ahora mora en nosotros, y produciremos en nuestras vidas el mismo buen fruto que se manifestó en la vida de Jesús.

El Espíritu Santo es la fuente de cualquier bondad en nosotros. Podríamos creer que somos buenas personas, pero separados del Espíritu Santo y de la vida de Cristo que se produce en nosotros, no somos buenos. Nuestro orgullo nos hace creer que podemos producir bondad por nuestra cuenta.

Tercero, debemos llevar mucho fruto. Nuestras vidas deben rebosar con el fruto del Espíritu. Nuestro carácter debería mostrar copiosamente las bondades de Jesucristo. Nuestro amor debe ser abundante, nuestro gozo debe ser exuberante, nuestra paz debe abarcarlo todo... y así sucesivamente. Debemos estar continuamente en acción en el reino de Dios, realizando todo lo que el Señor nos guíe a hacer con lo mejor de nuestra capacidad y con el máximo esfuerzo.

Observe que el fruto que Pablo menciona en Gálatas 5:22 es *singular*: el «fruto» del Espíritu, no los «frutos» del Espíritu. Cuando recibimos la vida del Espíritu Santo en nuestro interior obtenemos *todo* del Espíritu Santo. Por consiguiente, sus características plenas se convierten en nuestras características, ya que no las recibimos poco a poco. Absorbemos la naturaleza total del Espíritu Santo. Sin embargo, la abundancia del fruto que manifestamos está sujeta a nuestra voluntad. Podemos negarnos a hacer lo que el Espíritu Santo nos motiva a hacer.

6. «Digo, pues: Andad en el Espíritu, y no satisfagáis los deseos de la carne. Porque el deseo de la carne es contra el Espíritu, y el del

84

Espíritu es contra la carne; y éstos se oponen entre sí, para que no hagáis lo que quisiereis» (Gálatas 5:16-17). ¿De qué manera el deseo de la carne es contra el Espíritu? ¿De qué manera el deseo del Espíritu es contra la carne?

7. En términos prácticos, ¿qué significa *andar* en el Espíritu?

¿QUÉ PASA CON QUIENES NO LLEVAN FRUTO?

Jesús afirmó que tirará todo pámpano que no produce fruto, o como algunas traducciones dicen, «lo quitará» (ver Juan 15:2). Hay dos interpretaciones posibles para esta frase «lo quitará». Una es ser levantado del suelo. En el Medio Oriente es común dejar que las ramas de las vides crezcan casi hasta el suelo en lugar de entramarlas con alambres o rejas, como se hace en Europa y Estados Unidos. «Quitar» o «tirar» una rama puede significar levantarla hasta enredarla en una estaca o en un cable. «Quitar» también puede querer decir cortar y desechar. En cualquier caso, la vid se mueve o se retira de su posición actual.

En la vida de los no creyentes estas palabras deberían producir una punzante convicción. Quienes no moran en Cristo están sujetos a ser levantados (lo cual tal vez significa que si confiesan a Cristo son salvos y hechos fructíferos) o a ser quitados por la muerte. Si no moran en Cristo están sujetos al cambio, sea positivo o negativo.

Hay quienes intentan actuar como si estuvieran produciendo fruto. Realizan actividades como asistir al templo, hacer trabajo de iglesia y aseverar que oran y leen la Palabra de Dios. Hacen lo mejor por convencernos que son personas de buen carácter. Pero no están conectados a la Vid. No han nacido de nuevo y, en consecuencia, no reciben el sustento vivificante y fructífero del Espíritu Santo. No han sido injertados en Cristo. Finalmente, su estado se evidencia. Las ramas se marchitan y se desechan.

Si usted tiene alguna duda en cuanto a si está injertado o no en Cristo, confiésele hoy mismo a Dios que usted es pecador y pídale perdón. Reciba lo que Él ofrece darle gratuitamente. Luego arrepiéntase de sus antiguos caminos y confíe en que el Espíritu Santo producirá fruto auténtico en su vida.

Si usted es creyente y no está produciendo mucho fruto bueno, el Señor no lo separará de Él. Pero seguirá convenciéndolo de cualquier pecado que usted tenga hasta que desista de su desobediencia, pida perdón e invite al Señor a alejarlo del mal. El Señor también declara que quienes llevan fruto están sujetos a ser limpiados o podados a fin de que lleven más fruto. El pecado puede detener el flujo del Espíritu en nosotros y resultar en madera muerta en nuestras almas. Descuidar las cosas de Dios puede causar madera muerta. Podemos llegar a estar tan ocupados, y a tener nuestras prioridades tan desalineadas, que el flujo del Espíritu se verá frustrado y parte de nosotros parecerá extinguirse.

Si alguna de estas condiciones se aplica a usted hoy día, confiese esto al Señor, arrepiéntase de su comportamiento, reciba el perdón de Dios y empiece de nuevo. Elija acciones y actitudes que lleven a la productividad. Promueva en su vida la obra de poda del Espíritu Santo. Pídale que le muestre en qué ámbitos debe cambiar su mentalidad y comportamiento.

La realidad es que la poda puede ser dolorosa. A veces puede parecer drástica. A inicios de mi ministerio pastoreaba una iglesia en Fruitland, Carolina del Norte. Un día llamé a un miembro de nuestra congregación que estaba en su huerto de manzanas podando un manzano. Me impresionó la severidad con que podaba el árbol. «Vas a terminar *matando* ese árbol», le dije. Él me lanzó una

paciencia. Mas tenga la paciencia su obra completa, para que seáis perfectos y cabales, sin que os falte cosa alguna» (Santiago 1:2-4). ¿En qué forma «la prueba de nuestra fe» produce paciencia?

....
....
....
....
....
....
....
....
....
....

9. Cuando usted se encuentra en medio de una prueba, ¿cuál es su reacción inicial? ¿Qué se requiere de su parte para poder considerar estas pruebas como de «sumo gozo»?

....
....
....
....
....
....
....

10. «En esto conocemos que amamos a los hijos de Dios, cuando amamos a Dios, y guardamos sus mandamientos. Pues este es el amor a Dios, que guardemos sus mandamientos; y sus mandamientos no son gravosos» (1 Juan 5:2-3). ¿Qué mandamientos podría el Espíritu Santo estar llamándolo a cumplir con más cuidado? ¿Qué hará usted de manera distinta esta semana?

....

....

....

....

....

....

....

....

....

....

....

....

....

....

....

....

....

....

Llevar fruto nunca tuvo la intención de ser algo difícil. Un racimo de uvas no tiene que esforzarse por madurar o volverse dulce, y nosotros tampoco. Llevar fruto es algo automático si nos mantenemos adheridos a la Vid. Nuestra labor es permanecer; la de Él es producir fruto en nosotros. Si nos mantenemos fieles al Señor, andamos en obediencia a Él y le entregamos el control de nuestra vida, el fruto en nosotros crecerá naturalmente de acuerdo a su cronograma.

No podemos obligar al fruto a crecer. Solo podemos aferrarnos a Jesús y optar por seguir a diario la guía del Espíritu Santo. *Nuestro Padre celestial* es el Viñador. *Jesús* es la Vid. El *Espíritu Santo* es la fuerza vivificante que fluye a través de la Vid. Nosotros somos las ramas que llevan su fruto.

HOY Y MAÑANA

Hoy: El Espíritu Santo produce el carácter pleno de Dios en mi vida.

Mañana: Me esforzaré en oración por seguir al Espíritu para

ORACIÓN FINAL

Padre celestial, gracias porque crecemos en madurez. Gracias porque el fruto que llevamos se vuelve más y más saludable, y está en aumento. Oramos por seguir experimentando la presencia del Espíritu Santo a medida que pasamos nuestros días y escuchamos su guía. Oramos para que el fruto que llevamos obligue a otros a percatarse de que el camino por el que nos dirigimos es diferente. Permite que los atraigamos hacia ti.

OBSERVACIONES Y PETICIONES DE ORACIÓN

Use este espacio para escribir todos los puntos clave, preguntas o peticiones de oración del estudio de esta semana.

ESPIRITUALES

EN ESTA LECCIÓN

Enseñanza: ¿Qué diferencia hay entre dones espirituales y talentos naturales?

Crecimiento: ¿Cuáles son mis dones espirituales?

¿Se siente usted inadecuado en su capacidad de servir a los demás? ¿Se siente a menudo incapaz de ministrar? ¿Desearía que su ministerio a otros pudiera ser más eficaz? De ser así, ¡le tengo buenas noticias! No está solo. El Espíritu Santo le preparará para el ministerio y luego le ayudará a llevarlo a cabo. Los resultados están totalmente en manos de Él, y lo que el Espíritu Santo hace siempre es exitoso y eficaz. Pablo escribe: «Fiel es el que os llama, el cual también lo hará» (1 Tesalonicenses 5:24).

Usted podría cuestionar: «Pero no estoy seguro de que ahora sea el momento adecuado para que yo forme parte de un ministerio a otros o para brindarles algún servicio». Ahora es *siempre* el momento adecuado ante los ojos de Dios. Si usted se niega a darse a otros perderá las bendiciones que vienen de dar en este mundo... y desaprovechará una bendición en el cielo. De igual importancia es afirmar que usted será un obstáculo para la obra de Dios. El Señor está contando con que usted ministre a otros, lo cual significa que Él desea que usted sirva y brinde ayuda a los demás.

Muchas personas piensan en *ministerio* solo en términos de labor de iglesia a tiempo completo, de servicio como misionero o de trabajo en una organización relacionada con la iglesia. Pero la verdad es que el ministerio ocurre cada vez que hacemos algo en el nombre de Jesús para el beneficio de otras personas. Jesús fue claro en este punto:

> Tuve hambre, y me disteis de comer; tuve sed, y me disteis de beber; fui forastero, y me recogisteis; estuve desnudo, y me cubristeis; enfermo, y me visitasteis; en la cárcel, y vinisteis a mí. Entonces los justos le responderán diciendo: Señor, ¿cuándo te vimos hambriento, y te sustentamos, o sediento, y te dimos de beber? ¿Y cuándo te vimos forastero, y te recogimos, o desnudo, y te cubrimos? ¿O cuándo te vimos enfermo, o en la cárcel, y vinimos a ti? Y respondiendo el Rey, les dirá: De cierto os digo que en cuanto lo hicisteis a uno de estos mis hermanos más pequeños, a mí lo hicisteis. (Mateo 25:35-40)

El Señor espera que seamos sus ministros en la tierra: que seamos sus manos y pies en el mundo. Él describe como su cuerpo a quienes lo siguen. Debemos hacer colectivamente lo que Jesús hizo en su cuerpo terrenal: ministrar a otros en sanidad, liberación y predicación de las buenas nuevas. Y debido a que somos muchos en número, nuestro ministerio multiplica lo que Jesús hizo. Somos como Él en carácter, en pensamiento, en palabra y en hechos.

1. ¿Cuándo ha dado usted hospitalidad a extraños, ha vestido a los pobres o ha alimentado a los hambrientos? ¿Cuándo alguien le ha servido en esa forma?

Dones naturales vs. dones espirituales

Nuestro ministerio es tan importante para Dios el Padre que envió al Espíritu Santo con la finalidad de llenarnos y prepararnos para ministrar. Ministramos de acuerdo al grado en que permitimos que el Espíritu Santo obre en nosotros. Nuestro ministerio es el ministerio del Espíritu Santo. Hablamos palabras, pero son sus palabras. Actuamos, pero nuestras acciones son sus obras que Él nos ordena hacer. Somos la carne y los huesos, la personalidad y los talentos... pero Él es la motivación y la vida.

El Espíritu Santo hace esto al proveernos muchos dones que nos ayudan en nuestro ministerio. Otra manera de pensar en los dones es como *activaciones* o *ayudas*. Jesús describió al Espíritu Santo como nuestro Ayudador. Él nos proporciona lo que necesitamos, en forma de dones espirituales, a fin de ayudarnos a cumplir lo que nos pide hacer.

Los dones espirituales son diferentes de nuestros dones y talentos naturales. Los talentos naturales son habilidades con las cuales nacemos; son regalos de Dios para nosotros en nuestra humanidad. No son divinos ni se trata de dones espirituales, y nunca se convertirán en dones espirituales. Nos equivocamos si creemos que nuestros dones naturales se convierten automáticamente en dones espirituales cuando aceptamos a Cristo. No es así. Nuestros dones naturales permanecen después que aceptamos a Cristo, y se realzan y bendicen en maneras maravillosas debido a nuestra relación con Jesucristo, pero permanecen como dones humanos.

Debemos explorar, desarrollar y perfeccionar nuestros dones naturales. Después de todo, Dios nos los ha dado con el fin de que los usemos para su reino. Nunca debemos restar importancia a nuestras capacidades, sino desarrollarlas a su máximo potencial. El Espíritu Santo añade sus dones exclusivos a nuestros talentos y capacidades naturales. Cuando combinamos lo que Él nos da con lo que ya hemos recibido, y cuando intentamos usar lo uno y lo otro para los propósitos del Señor, servimos a Dios de todo corazón, mente y alma, y mostramos gran eficacia en nuestras contribuciones al reino de Dios.

Pensemos en esto en términos de médicos que sirven a sus pacientes. Los médicos hacen su parte, prescribiendo el mejor tratamiento y las mejores medicinas que conocen. Hacen operaciones si son necesarias, enyesan huesos rotos o suturan heridas. Pero solo Dios puede sanar un cuerpo enfermo o herido. Solo Él puede hacer que la vida supere la enfermedad y que un enfermo recupere la salud. Lo mismo se aplica a nuestro trabajo en ministrar a los demás. Hacemos todo lo que podemos bajo la dirección del Espíritu Santo, pero los resultados de ese ministerio le pertenecen a Él y solamente a Él. El Espíritu Santo hace que el ministerio se arraigue y se convierta en un testimonio vivo en nosotros.

El Espíritu Santo confiere estos dones solo a quienes siguen a Jesucristo, a quienes han confesado sus pecados y han recibido el perdón de Dios. Además, en el Nuevo Testamento encontramos que los dones se dividen en tres clasificaciones principales: (1) dones motivacionales, (2) dones dados a la iglesia como un todo, y (3) dones dados para situaciones y circunstancias específicas.

A su discreción, el Espíritu Santo otorga estos dones a creyentes, pero da dones a *todos* los creyentes.

3. ¿Qué talentos y capacidades naturales posee usted? ¿Cómo los usa para servir a Dios?

Señor?

DONES MOTIVACIONALES

El apóstol Pablo describe los dones motivacionales en Romanos 12:6-8, donde escribe: «De manera que, teniendo diferentes dones, según la gracia que nos es dada, si el de profecía, úsese conforme a la medida de la fe; o si de servicio, en servir; o el que enseña, en la enseñanza; el que exhorta, en la exhortación; el que reparte, con liberalidad; el que preside, con solicitud; el que hace misericordia, con alegría». Cada creyente recibe al menos uno de estos siete dones motivacionales, los cuales se enumeran a continuación con algunos de los significados e interpretaciones según aparecen en otras traducciones de la Biblia.

- *Profecía:* predicar o expresar la verdad de Dios
- *Servicio:* ministrar de manera práctica, por ejemplo, mediante hospitalidad y ayuda a otros

- *Enseñanza:* explicar la Biblia para que otros puedan comprenderla y aplicarla
- *Exhortación:* animar a otros a seguir a Cristo sin vacilación
- *Ofrenda:* contribuir con las necesidades de otros
- *Liderazgo:* tener la capacidad de administrar o gobernar
- *Misericordia:* ayudar a enfermos y necesitados

Pablo también describe *cómo* debemos usar estos dones: profetizar, con *fe*; servir, enseñar y exhortar, con *gracia*; ofrendar, con *generosidad*; liderar, con *diligencia*; ser misericordiosos, con *alegría*.

¿Cómo saber cuál de estos dones tiene usted? Examine su vida. Cuando surge un problema que usted sabe que tiene dimensión espiritual, ¿cuál es su primera respuesta? ¿Quiere inmediatamente declarar la verdad? ¿Empieza a proporcionar ayuda, a ofrendar o a organizar a otros? ¿Salta y actúa movido por la misericordia que siente hacia quienes sufren? ¿Responde con palabras de aliento para que otros permanezcan cerca del Señor y lo obedezcan explícitamente?

5. ¿Cuál de estos dones motivacionales se adapta mejor a su personalidad?

6. ¿Cómo puede utilizar este don en el servicio al Señor?

DONES DADOS A LA IGLESIA

Además de los atributos que el Espíritu Santo concede individualmente a los creyentes, también otorga dones a la iglesia como un todo. Estos dones en realidad son personas. Pablo escribe: «Él mismo constituyó a unos, apóstoles; a otros, profetas; a otros,

alcances ministeriales

- *Profetas:* aquellos que expresan la verdad de Dios, incluidas las consecuencias finales de seguir o no la voluntad de Dios
- *Evangelistas:* aquellos que predican el evangelio de Jesucristo e inspiran a otros a creer en Él
- *Pastores y maestros:* aquellos que alimentan, preparan y enseñan a los creyentes, adiestrándolos para el servicio a los demás

No todas las personas están llamadas a uno de estos roles dentro de la iglesia, pero los ministerios dentro de una iglesia suelen agruparse alrededor de estos ámbitos de liderazgo. Por ejemplo, tal vez usted no esté llamado a ser pastor o maestro en una congregación, pero Dios podría llamarlo a servir como maestro de escuela dominical o a ser líder de un grupo pequeño. En este caso usted actuará en el área ministerial como maestro para el cuerpo de Cristo, bajo el liderazgo de alguien dotado para dirigir en esa área. O quizás usted podría servir en un equipo de evangelización, sirviendo así en el campo de evangelización bajo el liderazgo de alguien que ha sido dotado para dirigir en ese campo.

Encontrará gran satisfacción al servir dentro del campo ministerial al que el Señor lo llama. Por otra parte, encontrará frustración, desilusión e insatisfacción en cualquier intento de servir en un campo ministerial al que no está llamado por el Espíritu Santo.

7. ¿En qué función ministerial encuentra que el Señor lo guía con mayor regularidad?

....

....

....

....

....

....

8. ¿Cómo se siente cuando sirve en esa capacidad? ¿Cómo se siente cuando intenta servir en otros ámbitos?

....

....

....

....

....

Dones únicos para circunstancias específicas

El Nuevo Testamento proporciona un tercer conjunto de dones que el Espíritu Santo otorga a los creyentes y que es exclusivo a situaciones y momentos particulares. Es más, Pablo proporciona esta lista porque deseaba ver el orden restaurado en las reuniones en la iglesia en Corinto:

> No quiero, hermanos, que ignoréis acerca de los dones espirituales. [...] Ahora bien, hay diversidad de dones, pero el Espíritu es el mismo. Y hay diversidad de ministerios, pero el Señor es el mismo. Y hay diversidad de operaciones, pero Dios, que hace todas las cosas en todos, es el mismo. Pero a cada uno le es dada la manifestación del Espíritu para provecho. Porque a éste es dada por el Espíritu palabra de

sabiduría; a otro, palabra de ciencia según el mismo Espíritu; a otro, fe por el mismo Espíritu; y a otro, dones de sanidades por el mismo Espíritu. A otro, el hacer milagros; a otro, profecía; a otro, discernimiento de espíritus; a otro, diversos géneros de lenguas; y a otro, interpretación de lenguas. Pero todas estas cosas las hace uno y el mismo Espíritu, repartien-

La principal preocupación de Pablo no era enumerar los dones, sino señalar que hay un solo Espíritu Santo. Los corintios habían sido adoradores de ídolos antes de convertirse a Cristo. Tenían un dios diferente para cada actividad, empresa y objeto. Por ejemplo, Atenas estaba llena de miles de ídolos, cada uno con identidad y propósito específicos. A algunos dioses ídolos se les valoraba más que a otros. Pablo quería que los corintios entendieran que hay solo un Espíritu Santo y que se manifiesta según desea en diferentes maneras a través de diferentes individuos.

Según se indicó, los dones que Pablo citó son específicos a tiempos y sucesos particulares. Cuando la iglesia se reunía podían manifestarse diferentes dones dependiendo de las necesidades de las personas y de los problemas en la congregación en ese tiempo. Pablo quería que los creyentes entendieran que *todos* los dones vienen del mismo Espíritu Santo, sin que ninguno sea la manifestación definitiva de la presencia del Espíritu Santo en medio de ellos.

Estos dones se otorgan a los creyentes de modo que alguien pueda recibir uno y otra persona reciba otro. Todos los dones son posibles, pero ninguno se encuentra asegurado en ningún ambiente o grupo de personas. De igual modo, nadie tiene su identidad asociada con un don particular. En otras palabras, no se espera que una persona sea el profeta en todas las reuniones y que otra sea la única que ofrece palabras de sabiduría. El Espíritu Santo habla y obra por medio de esta persona, de esa y de aquella en la dirección que el Espíritu dicta y para sus propósitos.

La conclusión que debemos sacar es que, un creyente puede experimentar durante sus años de vida uno o más de estos dones en operación, pero no necesariamente con alguna previsibilidad o regularidad, porque el Espíritu Santo organiza su conjunto particular de dones a fin de que funcionen en cada grupo de individuos dependiendo de las necesidades que allí haya.

Según parece, los corintios tenían afición por los dones más dramáticos, como sanidades, hablar en lenguas y obrar milagros. Pablo les enseñó en 1 Corintios 13 que el amor es mucho más importante que los dones espirituales. Luego, en 1 Corintios 14, los exhortó a desear la profecía como el don más importante, de modo que pudieran hablar la verdad de Dios con claridad tanto a incrédulos como a creyentes.

9. ¿Por qué en el pasaje anterior Pablo reitera que los dones son por «el mismo Espíritu»? ¿Qué resalta al repetir esta frase?

....

....

....

....

....

....

10. ¿Qué revela la metáfora del cuerpo cristiano dada por Pablo acerca de los dones del Espíritu Santo? ¿De qué manera puede parte de nuestro cuerpo servir en diferentes funciones en distintos momentos?

....

....

....

....

....

Como creyentes en Cristo, es importante que discernamos primero nuestro don motivacional y operemos en él, y que después sigamos la dirección del Espíritu Santo cuando nos llame a un campo particular de ministerio. Al usar nuestro don motivacional en el ministerio debemos estar continuamente disponibles para que el Espíritu Santo se manifieste a través de nosotros con uno o más de los dones espirituales que se detallan en 1 Corintios 12. Dios sabe qué dones naturales, talentos, capacidades y rasgos de personalidad ha puesto en nosotros. Sabe también qué don es-

HOY Y MAÑANA

Hoy: El Señor confiere muchos dones a sus hijos, y deben ser usados para servir a los demás.

Mañana: Le pediré al Señor que me muestre los dones que me ha concedido y cómo debo usarlos.

ORACIÓN FINAL

Padre celestial: te agradecemos por amarnos. Te agradecemos por los dones que el Espíritu Santo nos da a cada uno de quienes decidimos seguirte. Al pensar en lo grandioso que eres para nosotros, y en la forma maravillosa en que nos provees, no hay nada que pueda siquiera acercarse a la relación íntima que tenemos contigo. Ayúdanos hoy día, Señor, a usar no solo nuestros dones naturales, sino también nuestros dones espirituales para ser tus manos y pies en un mundo que necesita desesperadamente de ti.

OBSERVACIONES Y PETICIONES DE ORACIÓN

Use este espacio para escribir todos los puntos clave, preguntas o peticiones de oración del estudio de esta semana.

EN ESTA LECCIÓN

Enseñanza: ¿Cuál es el resultado práctico de la promesa de Dios de que tengo un don espiritual?

Crecimiento: ¿Qué pasos puedo dar para descubrir y desarrollar mi don motivacional principal?

A lo largo de este estudio hemos aprendido algunas verdades críticas sobre los dones espirituales. Por ejemplo, hemos identificado los siete dones motivacionales que vienen del Espíritu Santo, y hemos visto cómo cada uno de nosotros recibe al menos uno de esos dones cuando el Espíritu de Dios mora en nosotros y nos otorga poder. Hemos aprendido la diferencia entre nuestros dones espirituales y nuestros talentos naturales. Y hemos comprendido que usar nuestros dones espirituales para el beneficio del reino de Dios no es una opción, sino una orden.

En esta lección vamos a juntar todo en términos de qué es lo que sigue a fin de maximizar nuestros dones espirituales. Si sabemos que tenemos al menos un don, y también que debemos usarlo para ministrar en el reino de Dios, ¿qué pasos entonces podemos dar para llegar donde se supone que debemos estar? ¿Qué pasos podemos dar para juntarlo todo y usar nuestros dones como Dios quiso? En particular, exploraremos tres de tales pasos: (1) tenemos la responsabilidad de descubrir nuestro don, (2) tenemos la oportunidad de desarrollar nuestro don y (3) podemos reflejar todo el don que Dios nos da.

SOMOS RESPONSABLES DE DESCUBRIR NUESTRO DON

Lo escucho todo el tiempo. La gente me informa: «Quiero ser más activo en el ministerio, pero aún no he descubierto cuál es mi don espiritual». O: «Sé que la Biblia dice que tengo un don espiritual, pero he estado buscando y todavía no tengo idea de cuál pueda ser ese don». Cualquiera que sea la razón, pareciera ser un fenómeno común que algunas personas tengan dificultades para descubrir su don espiritual.

Pero no nos equivoquemos: nosotros somos responsables de descubrir nuestro don. No olvidemos la exhortación de Dios en 1 Pedro 4:10: «Cada uno según el don que ha recibido, minístrelo a los otros, como buenos administradores de la multiforme gracia de Dios». Que cada uno haya recibido al menos un don quiere decir que ninguno de nosotros tiene alguna excusa para no descubrir cuál es ese don. Más importante aún, ninguno de nosotros tiene alguna excusa para no usar ese don en servir al reino de Dios.

Bien, al haber dicho todo eso, hay tres razones posibles de por qué las personas podrían tener dificultad en descubrir su don espiritual. Deseo analizar cada una de ellas en esta lección con el fin de que podamos seguir adelante si no estamos seguros de cuál es nuestro don.

En primer lugar, podríamos tener problemas para identificar nuestro don espiritual porque hay conflictos sin resolver en nuestra vida.

Podríamos tener conflictos espirituales, la clase de problemas que ocasionan confusión en nuestro caminar espiritual, que nos dificultan escuchar de Dios. Estos conflictos son causados principalmente por pecado no resuelto o fortalezas con las que no hemos tratado de modo apropiado. Si nuestra vida espiritual está estancada y no tenemos comunicación o comunión regular con Dios,

Nuestro servicio puede revelar el don que tenemos, así como estudiar muchos temas en el colegio puede revelar aquello para lo que estamos particularmente dotados. Nunca nos será fácil descubrir nuestro don si nos lo guardamos.

Tercero, podríamos estar teniendo dificultad en identificar nuestro don espiritual si intentamos imitar el don de otra persona. Con frecuencia escucho decir a la gente: «En realidad quiero tener el don de organización», o: «Me gustaría tener el don de servicio». Esa clase de pensamiento es contraproducente. Tratar de imitar el don de alguien más solamente nos confundirá. Se nos ha otorgado un don específico por una razón. Confiemos en el Espíritu Santo y aprendamos todo lo que podamos sobre dicho don específico.

1. «A cada uno le es dada la manifestación del Espíritu para provecho» (1 Corintios 12:7). ¿Cuál de los obstáculos mencionados, si los hay, está impidiendo sus esfuerzos por descubrir sus dones espirituales y utilizarlos para servir a otros?

2. ¿Cómo finalmente llegó a descubrir cuáles son sus dones espirituales? ¿Cómo está usted usando activamente tales dones espirituales para hacer avanzar el reino de Dios?

....

....

....

....

....

....

....

3. ¿Dónde tiene usted oportunidades de ayudar a otros a descubrir sus dones espirituales?

....

....

....

....

....

....

PODEMOS DESARROLLAR NUESTRO DON

Todo cristiano tiene un don espiritual, al que estamos refiriéndonos como «don motivacional». Se trata de la fuerza impulsora interior que nos obliga a ministrar en el reino de Dios. Cada cristiano tiene al menos uno de los dones motivacionales y, según acabamos de ver, todo cristiano es responsable por descubrir cuál es ese don.

Una vez que hayamos descubierto nuestro don, el siguiente paso para nosotros es desarrollarlo. El objetivo es que crezcamos en nuestra capacidad de usar ese don de modo que nuestra influencia e impacto como ministros en el reino de Dios sea cada vez mayor. Sin embargo, ¿de qué manera hacemos esto?

Imagine por un momento que temprano en su vida descubre que puede cantar. Tiene el talento y la habilidad para cantar bien.

Por tanto, ¿qué hace si quiere cantar mejor? ¿Qué pasos debe dar a continuación? Para empezar, debe estudiar música. Debe practicar bajo la instrucción de un maestro calificado con la finalidad de desarrollar la voz. Debe buscar conexiones en el mundo musical para poder crecer como intérprete.

Este es el mismo enfoque que necesita cuando se trata de desa-

en mi vida y con mi vida. He aceptado por fe a Jesucristo como mi Salvador y estoy consciente de mi propia impotencia. Por tanto, dependo del Espíritu Santo para que obre en mí y a través de mí, y te doy permiso sin ninguna reserva para que hagas en mí y a través de mí lo que decidas».

¿Por qué es necesario hacer esto? Puesto que, si usted no camina en el Espíritu, caminará en la carne. Lo que esto significa es que intentará usar su don y servir a Dios con su propia energía humana y sus propios recursos limitados. Al final, esto resultará en que usted no usará su don para provecho. Por tanto, si quiere desarrollar su don espiritual debe hacerlo en el contexto de rendirse al control y la guía de Dios.

Un segundo paso para desarrollar su don espiritual es aprender las características de ese don. Es decir, ¿cómo debería dicho don particular obrar en la vida de otra persona? ¿Cuáles son las cualidades que usted identificaría con alguien que fue sabio y fuerte al usar ese don? ¿Y cómo debería manifestarse en su propia vida?

Por ejemplo, digamos que usted tiene el don de servicio, y quiere satisfacer las necesidades de las personas como expresión de su fe en Dios. Bueno, en primer lugar, alguien hábil y maduro en servir a los demás deberá poder identificar necesidades. Una persona hábil en el don de servicio deberá ser capaz de detectar una oportunidad de servir cada vez que se requiera, lo cual es una característica clave del don que llamamos servicio.

Usted puede desarrollar su don de servicio pidiéndole a Dios que le ayude a especificar sus objetivos al tratar de identificar las necesidades en su familia, en su comunidad, en su iglesia y en su mundo. Puede pedirle que aumente en usted la sensibilidad hacia las necesidades de las personas. También puede pedirle que le guíe en su presupuesto a fin de tener recursos disponibles cuando surja la oportunidad de suplir una necesidad en la iglesia, en la comunidad o en su mundo.

El objetivo es identificar las características de su don y luego trabajar en conjunto con Dios para desarrollarlas y mejorarlas una por una y paso a paso. Cuando eso suceda, su vida empezará a influir o pesar más... no su cuerpo físico, sino su vida en general. Es decir, lo que usted haga tendrá más influencia y más significado en otras personas. Lo que diga tendrá más peso para ellas. Verán crecimiento y enriquecimiento en la vida espiritual que usted manifieste, y mayor profundidad en el ministerio que desarrolle. Más importante aún, se motivará más en su aspecto ministerial, será más fructífero en su trabajo y se emocionará mucho más para seguir en esta senda de servicio.

4. «Creced en la gracia y el conocimiento de nuestro Señor y Salvador Jesucristo» (2 Pedro 3:18). ¿Hasta qué punto está usted creciendo en el uso de sus dones espirituales?

....

....

....

....

....

....

5. ¿De qué manera puede usted *activa* e *intencionalmente* dar pasos que le ayuden a practicar y mejorar su capacidad de utilizar sus dones?

....

....

....

....

....

6. ¿Cuáles diría usted que son algunas de las características clave de sus dones espirituales?

....

....

....

....

PODEMOS REFLEJAR TODOS LOS DONES DE DIOS

El tercer paso que podemos dar para usar eficazmente nuestros dones dentro del reino de Dios es reconocer que cada cristiano tiene la oportunidad de reflejar todos los dones motivacionales del Espíritu Santo. Ya establecimos que se pueden reflejar todos los siete dones motivacionales en la vida cotidiana. Pues bien, es probable que usted esté pensando que acabo de contradecirme. En la lección anterior declaré que todo cristiano recibe al menos *un* don motivacional. Pero ahora afirmo que los cristianos pueden (y deben) reflejar todos los *siete* dones espirituales. ¿Cómo pueden ser ciertas ambas afirmaciones?

La respuesta es que, a pesar de que todo cristiano recibe un don motivacional principal del Espíritu Santo (el don a través del cual se tiene más energía y se es más fructífero al servir en el reino de Dios), también es verdad que todo cristiano está llamado a imitar a Jesús y crecer a la imagen de Cristo. Jesús mismo tuvo y demostró activamente todos los siete dones espirituales.

Repasemos esto otra vez. Cada cristiano tiene *un* don motivacional como discípulo de Jesucristo. Eso siempre será verdad. Pero Jesús es la representación perfecta y la expresión plena de todos los siete dones. Por tanto, mientras más crezcamos en nuestra relación con Cristo, y más lo imitemos cada día, más reflejaremos todos los siete dones espirituales a medida que servimos en su reino. Pues bien, con eso en mente, repasemos siete pasajes de las Escrituras con que espero ilustrar más esta idea.

- «Seguid el amor; y procurad los dones espirituales, pero sobre todo que profeticéis» (1 Corintios 14:1).
- «Vosotros, hermanos, a libertad fuisteis llamados; solamente que no uséis la libertad como ocasión para la carne, sino servíos por amor los unos a los otros» (Gálatas 5:13).
- «La palabra de Cristo more en abundancia en vosotros, enseñándoos y exhortándoos unos a otros en toda sabiduría, cantando con gracia en vuestros corazones al Señor con salmos e himnos y cánticos espirituales» (Colosenses 3:16).
- «Exhortaos los unos a los otros cada día, entre tanto que se dice: Hoy; para que ninguno de vosotros se endurezca por el engaño del pecado» (Hebreos 3:13).
- «Dad, y se os dará; medida buena, apretada, remecida y rebosando darán en vuestro regazo; porque con la misma medida con que medís, os volverán a medir» (Lucas 6:38).
- «Vestíos, pues, como escogidos de Dios, santos y amados, de entrañable misericordia, de benignidad, de humildad, de mansedumbre, de paciencia; soportándoos unos a otros, y perdonándoos unos a otros si alguno tuviere queja contra otro. De la manera que Cristo os perdonó, así también hacedlo vosotros» (Colosenses 3:12-13).

¿Ve usted la analogía que se aplica a todos esos siete pasajes bíblicos? *Profetizar. Servir. Enseñar. Exhortar. Dar. Mostrar compasión.* Como cristiano se le ordena a lo largo de las Escrituras que practique los siete dones motivacionales mientras sirve en el reino de Dios. Aunque su don espiritual principal no sea servir, se le pide que sirva. Aunque su don principal no sea dar, se le pide que dé. Aunque su don principal no sea enseñar, está llamado a enseñar.

¿Cómo es posible obedecer estos mandamientos? Debido a Cristo. Por medio de Jesús usted vive el poder de su Espíritu, por lo que usted tiene la capacidad de reflejar todos los siete dones motivacionales cuando Él lo llama a hacerlo. No *poseemos* todos los siete dones, pero podemos *reflejarlos* todos porque cada uno de ellos está perfectamente contenido en Cristo.

7. ¿Cuál de los siete pasajes enumerados antes le hablan con más claridad? ¿Qué pasaje le llama más la atención? ¿Por qué?

8. ¿Qué tema ve que se aplica a esos versículos?

9. ¿Cuáles son algunos dones espirituales secundarios, no su don principal, que con regularidad son evidentes en su vida? ¿Cómo sabe que esos dones secundarios están presentes?

....

....

....

....

....

....

....

....

10. ¿Qué paso dará esta semana para seguir desarrollando su don espiritual mientras sirve en el reino de Dios?

....

....

....

....

....

....

....

....

....

Todo creyente tiene al menos un don espiritual, y eso lo incluye a usted. Es responsabilidad suya descubrir su don. Usted tiene cada día la oportunidad de desarrollar ese don, de ejercerlo como parte de su rutina regular. Y a medida que lo haga, notará cada vez más que no solo crece en su don específico, sino que también refleja en su vida y ministerio todos los siete dones espirituales de Dios. Esto es lo que debe suceder en la vida de *todo* discípulo de Cristo.

Desdichadamente, lo que hallamos en la iglesia es que veinte por ciento de las personas hacen ochenta por ciento del trabajo. En la mayoría de las iglesias, veinte por ciento de miembros dan ochenta por ciento del dinero. En la gran mayoría de las congregaciones que se reúnen semana a semana, aproximadamente veinte por ciento de los miembros actúan en sus dones y ochenta por ciento se sientan como espectadores.

Escuche de nuevo lo que Pedro explicó: «Cada uno según el don que ha recibido, minístrelo a los otros, como buenos administradores de la multiforme gracia de Dios» (1 Pedro 4:10). Que esto sea cierto en su vida esta semana.

Mañana: Esta semana daré pasos específicos para identificar o desarrollar mis dones espirituales.

ORACIÓN FINAL

Padre, con el fin de ser una fuerza para bien en las vidas de otros, oramos para que personalmente nos hagas más conscientes de quién vive dentro de nosotros y del potencial que tenemos. Al usar los dones que nos has proporcionado para la obra de tu reino, enséñanos Señor a dar los siguientes pasos, cualesquiera que sean. A fin de desarrollar nuestros dones y permitir que sean un reflejo de Cristo para el mundo, ayúdanos a descubrir nuestros dones y a que aprovechemos las oportunidades que nos proporcionas. Señor, oramos esto en el nombre de Jesús, sabiendo que es tu voluntad. Amén.

OBSERVACIONES Y PETICIONES DE ORACIÓN

Use este espacio para escribir todos los puntos clave, preguntas o peticiones de oración del estudio de esta semana.

LECCIÓN 10

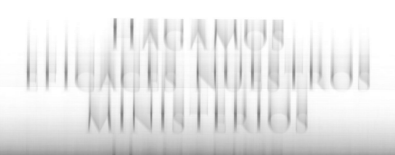

EN ESTA LECCIÓN

Enseñanza: ¿Cuál es el propósito de los dones espirituales?

Crecimiento: ¿Cómo debo servir al cuerpo de Cristo?

Hasta ahora en este estudio hemos analizado la combinación única de dones espirituales que el Espíritu Santo otorga a los creyentes en Jesucristo. En esta lección nos enfocaremos en las razones de por qué el Espíritu Santo confiere esos dones a los creyentes. A medida que examinamos la evidencia en la Biblia, creo que descubrimos cuatro razones principales para la concesión de tales dones espirituales en nuestras vidas: (1) son para el bien común de todos los creyentes, (2) nos preparan para más en el ministerio, (3) son para darnos ánimo y (4) son para nuestra edificación.

Finalmente, todos los dones están destinados a manifestarse para que Jesucristo sea exaltado y Dios el Padre sea glorificado. Estamos equivocados cada vez que los dones espirituales llaman la atención hacia nosotros, como si fueran manifestación nuestra. Todos los dones espirituales le pertenecen a Dios y provienen de Él. Por eso, toda alabanza por los resultados o beneficios de tales dones debe dirigirse al Señor.

Además, debemos ocupar esos dones y utilizarlos siendo buenos administradores de la gracia de Dios. En todo momento debemos reconocer que no somos quienes creamos tales dones ni quienes autorizamos su uso, por lo que no tenemos derecho de reclamarlos de manera orgullosa. Debemos usarlos sabiamente para el propósito y deseo de su verdadero propietario: el Espíritu Santo. El siervo puede usar los utensilios, la vajilla y los cubiertos del amo a fin de preparar y servir una comida magnífica para los invitados del amo, pero el siervo no posee tales enseres. De igual modo, empleamos los dones del Espíritu para beneficio de otros.

Desde luego, esto no significa que debamos tomar a la ligera el otorgamiento de los dones espirituales. Por el contrario, debemos apreciarlos, tenerlos en alta estima y manifestarlos con valentía, confianza y dignidad. Pedro escribió: «Si alguno habla, hable conforme a las palabras de Dios; si alguno ministra, ministre conforme al poder que Dios da, para que en todo sea Dios glorificado por Jesucristo, a quien pertenecen la gloria y el imperio por los siglos de los siglos» (1 Pedro 4:11).

Los dones que recibimos del Espíritu Santo son para beneficio de los demás. Jesús declaró: «De gracia recibisteis, dad de gracia» (Mateo 10:8). De gracia hemos recibido del Espíritu Santo, por lo que de gracia lo devolvemos a otros. Se espera que compartamos lo que Dios nos da con los demás y para su beneficio, más que para el nuestro. A su vez, recibimos también de otros el beneficio de los dones que el Espíritu Santo les confiere. Es de esta manera que estamos formados en un cuerpo de creyentes y que somos edificados como una comunidad de fe.

1. ¿Qué significa ministrar «conforme al poder que Dios da»? ¿Cómo más podría una persona ministrar a otras?

....

....

....

....

2. ¿Cómo podrían los dones espirituales usarse mal para servirnos, en lugar de servir a los demás? ¿Cómo podría la alabanza y la honra estar mal dirigidas en tales situaciones?

PARA EL BIEN COMÚN Y PERFECCIONAMIENTO DE LOS SANTOS

Como hemos analizado, los dones del Espíritu Santo deben usarse «para provecho» de todos (1 Corintios 12:7). Cuando está herido alguien que pertenece al cuerpo de Cristo, todos sufrimos. Cuando alguien es bendecido, todos recibimos bendición. Los dones buscan producir sanidad, integridad y beneficio a un *cuerpo* de creyentes. Los dones del Espíritu Santo son para provecho de todos los hijos de Dios.

El don motivacional que recibimos del Espíritu Santo se nos da *a* nosotros, pero es *para* otros. Si se nos ha dado un papel en la iglesia, nuestro don es para servir a otros. Si se nos ha concedido un don espiritual, sea «por el Espíritu palabra de sabiduría [...] palabra de ciencia [...] fe [...] dones de sanidades [...] hacer milagros [...] profecía [...] discernimiento de espíritus [...] diversos géneros de lenguas [...] interpretación de lenguas» (1 Corintios 12:7-10), debemos manifestarlo y ayudar con ese don a otros. Preguntemos siempre: «¿Cómo puedo usar este don para el bien común?».

De igual manera, debemos usar nuestro don para perfeccionar a los santos. Recordemos que en Efesios 4:11-12, Pablo nos dice que los dones para la iglesia (la inclusión de apóstoles, profetas, evangelistas, pastores y maestros dentro de la iglesia) tienen el propósito de «perfeccionar a los santos para la obra del ministerio». El objetivo de un buen sermón es inspirar a la congregación a ser obediente y fiel en su caminar con el Señor. El propósito de una buena lección bíblica es ayudar a la gente a crecer en fe y en su comprensión acerca de cómo aplicar la Palabra de Dios.

Pablo también escribió: «Somos hechura [de Dios], creados en Cristo Jesús para buenas obras, las cuales Dios preparó de antemano para que anduviésemos en ellas» (Efesios 2:10). Somos obras maestras de Dios. Él nos salvó, nos dotó con habilidades y talentos naturales, nos protegió y proveyó para nosotros. Ahora, a través del Espíritu Santo, nos ha concedido dones espirituales; al mismo tiempo ha preparado un espacio para que los usemos.

Además, incluso cuando el Señor nos prepara para servir en su iglesia, también prepara a otros para que reciban lo que tenemos para dar. Él ha allanado el camino con el fin de que nuestro ministerio sea eficaz. Es decir, otras personas necesitan lo que el Espíritu Santo nos insta a preparar y darles. A su vez, necesitamos que otros nos den lo que el Espíritu Santo les ha motivado a darnos.

Cuando reconocemos que cada persona que se cruza en nuestro camino está allí porque el Espíritu Santo lo ha permitido para un propósito que nos beneficia, ¡reconozcamos que se trata de una maravillosa aventura que experimentamos en la vida cotidiana! Además, si un creyente se atraviesa en nuestra senda, podemos estar seguros de que es el Espíritu Santo quien lo ha puesto allí para el propósito expreso de perfeccionarnos de alguna manera en la obra del ministerio. Siempre hay algo que debemos aprender o adquirir de cada conversación y cada encuentro con otro santo de Dios.

3. ¿Qué significa que el propósito de los dones del Espíritu sea «perfeccionar a los santos para la obra del ministerio»?

4. ¿Cuándo te ha reunido el Señor con otro cristiano para que le entregue su don? ¿Cuándo ha estado usted en el extremo receptor de esta bendición?

....

....

....

PARA ESTÍMULO DE LOS CREYENTES

Todos necesitamos ánimo en nuestras vidas diarias. Todos necesitamos que alguien nos levante y nos ayude a ver nuestro valor delante del Señor. El diablo y los sistemas del mundo nos abruman y desgastan. Necesitamos a otros en el cuerpo de Cristo que nos recuerden que somos creación única e irremplazable de Dios, llamados a lugares únicos e irremplazables de ministerio. Necesitamos que se nos recuerde el amor que Dios nos tiene, así como nuestra importancia para la iglesia.

Pablo abordó esta necesidad de aliento en su carta a los Corintios:

> Si dijere el pie: Porque no soy mano, no soy del cuerpo, ¿por eso no será del cuerpo? Y si dijere la oreja: Porque no soy ojo, no soy del cuerpo, ¿por eso no será del cuerpo? Si todo el cuerpo fuese ojo, ¿dónde estaría el oído? Si todo fuese oído, ¿dónde estaría el olfato? Mas ahora Dios ha colocado los miembros cada uno de ellos en el cuerpo, como él quiso. Porque si todos fueran un solo miembro, ¿dónde estaría el cuerpo? Pero ahora son muchos los miembros, pero el cuerpo es uno solo. Ni el ojo puede decir a la mano: No te necesito, ni tampoco la cabeza a los pies: No tengo necesidad de vosotros. Antes bien los miembros del cuerpo que

parecen más débiles, son los más necesarios; y a aquellos del cuerpo que nos parecen menos dignos, a éstos vestimos más dignamente; y los que en nosotros son menos decorosos, se tratan con más decoro. Porque los que en nosotros son más decorosos, no tienen necesidad; pero Dios ordenó el cuerpo, dando más abundante honor al que le faltaba, para que no haya desavenencia en el cuerpo, sino que los miembros todos se preocupen los unos por los otros. De manera que si un miembro padece, todos los miembros se duelen con él, y si un miembro recibe honra, todos los miembros con él se gozan. (1 Corintios 12:15-26)

Así como los dones del Espíritu están repartidos entre los creyentes bajo la dirección y orquestación del Espíritu, no podemos dejar de estar conscientes de que Dios considera de gran valor en su iglesia a cada uno de sus hijos. Sin importar la posición social, profesión o destino que tengamos, podemos ser usados por el Espíritu Santo en valiosos roles de ministerio.

Ahora usted podría decir: «No veo cómo Dios pueda usarme. Soy totalmente inadecuado». O podría afirmar: «No puedo ser usado por Dios. Simplemente fracasaré». Pero Él declara: «Déjame usarte. Usaré cualquier cosa que hagas y estaré en todo lo que hagas. Eso significa que cualquier cosa que yo haga será una bendición para alguien. Yo nunca fallo, y puesto que estoy en todo lo que tú hagas por mi cuerpo, hagas lo que hagas no fracasará».

Nuestros dones espirituales siempre deben producir ánimo en otros. Incluso si usted tiene un don motivacional de exhortación, el propósito final de tal exhortación es decirle a otra persona: «Puedes seguir a Cristo. Puedes andar en obediencia y rectitud delante de Él. Puedes permanecer fiel al Señor sin importar las situaciones que enfrentes».

Si usted opera en el don de evangelización, es importante que ejerza su don con el fin de que las personas escuchen la buena nueva de que Jesús vino a salvarlas de sus pecados, y no enfocarse únicamente en la existencia del infierno y en la condenación eterna para los no salvos. Si usted ofrece palabra de sabiduría a otros, ese mensaje debe darles dirección que los dirija hacia Dios y sus respuestas. Tal mensaje apuntará automáticamente a alejar del peligro y el pecado a tales individuos… pero deberá tratarse de un mensaje alentador a fin de que las personas reciban lo mejor de Dios.

5. «Dios ordenó el cuerpo, dando más abundante honor al que le faltaba, para que no haya desavenencia en el cuerpo» (1 Corintios 12:24-25). ¿A qué parte de su cuerpo no renunciaría usted?

6. Dios ha dispuesto que cada creyente realice una función específica en el cuerpo, «como quiso». ¿Qué sugiere esto con relación al valor de los dones que usted tiene?

PARA EDIFICACIÓN

Los dones espirituales deben ejercitarse para edificación de la iglesia. *Edificación* significa «construcción» o «fortalecimiento». El apóstol Pablo escribió: «Así también vosotros; pues que anheláis dones espirituales, procurad abundar en ellos para edificación de la iglesia» (1 Corintios 14:12). Todas las cosas deben hacerse con el objetivo de que el cuerpo de la iglesia como un todo pueda perfeccionarse, de modo que el pecado pueda ser limpiado de un grupo de creyentes. De modo también que pueda ocurrir sanidad e integridad de manera individual y colectiva, que los conflictos puedan resolverse y las relaciones reconciliarse, y además que las pérdidas puedan restaurarse y los excesos recortarse.

Al escribir sobre los dones para la iglesia, Pablo ofreció un resumen de lo que la edificación produce: «Hasta que todos lleguemos a la unidad de la fe y del conocimiento del Hijo de Dios, a un varón perfecto, a la medida de la estatura de la plenitud de Cristo; para que ya no seamos niños fluctuantes, llevados por doquiera de todo viento de doctrina, por estratagema de hombres que para engañar emplean con astucia las artimañas del error, sino que siguiendo la verdad en amor, crezcamos en todo en aquel que es la cabeza, esto es, Cristo» (Efesios 4:13-15).

Un grupo de creyentes totalmente edificado tendrá el siguiente perfil:

* Unidad en fe y en el conocimiento del Hijo de Dios
* Manifestación de la plenitud de Cristo
* No más confusión con las últimas tendencias doctrinales
* Ningún engaño por estratagemas de hombres
* No más empleo de astucia o artimañas del error
* Se declara la verdad en amor

Pablo concluyó que el resultado final de la edificación es un cuerpo integral que se encuentra «bien concertado y unido entre sí por todas las coyunturas que se ayudan mutuamente, según la actividad propia de cada miembro, recibe su crecimiento para ir edificándose en amor» (Efesios 4:16). Al igual que con la manifestación de los dones espirituales, este proceso debe caracterizarse por el amor. Entonces, cuando piense en sus dones motivacionales y su papel en el ministerio, pregúntese: «¿Estoy manifestando los dones del Espíritu para que todo el cuerpo de Cristo se edifique? ¿Están mis dones contribuyendo a nuestra perfección como grupo de creyentes en Jesucristo?».

7. ¿De qué manera los dones espirituales juntan y unen bien al cuerpo de Cristo? Ofrezca ejemplos específicos:

Beneficios perdurables

Los dones del Espíritu Santo nos bendicen ahora y para siempre cuando se manifiestan en un ministerio que es para el bien común, que perfecciona a los santos para más ministerio, que se caracteriza por el estímulo y que resulta en edificación. Pablo declaró a los corintios: «Nosotros somos colaboradores de Dios, y vosotros sois labranza de Dios, edificio de Dios» (1 Corintios 3:9). Luego continuó esa declaración con estas aleccionadoras palabras:

> Conforme a la gracia de Dios que me ha sido dada, yo como perito arquitecto puse el fundamento, y otro edifica encima; pero cada uno mire cómo sobreedifica. Porque nadie puede poner otro fundamento que el que está puesto, el cual es Jesucristo. Y si sobre este fundamento alguno edificare oro, plata, piedras preciosas, madera, heno, hojarasca, la

obra de cada uno se hará manifiesta; porque el día la declarará, pues por el fuego será revelada; y la obra de cada uno cuál sea, el fuego la probará. Si permaneciere la obra de alguno que sobreedificó, recibirá recompensa. Si la obra de alguno se quemare, él sufrirá pérdida, si bien él mismo será salvo, aunque así como por fuego. (1 Corintios 3:10-15)

Nuestro uso de los dones del Espíritu Santo en el ministerio no es solo aquí y ahora. Si son verdaderamente dones del Espíritu Santo, resonarán con un sonido eterno. Cuando invitamos al Espíritu Santo a obrar a través de nosotros para bendecir a otros, Él hará esto posible. El Espíritu es eterno, y cualquier cosa que haga a través de nosotros tendrá calidad eterna. Si queremos ministrar de manera eficaz debemos anhelar que nuestro ministerio perdure por toda la eternidad. Esto únicamente puede ocurrir cuando le permitimos al Espíritu Santo que nos ayude en cualquier acción ministerial que emprendamos. Puede suceder tan solo si consideramos que cada don espiritual proviene de Él y se usa para el perfeccionamiento de su cuerpo.

9. ¿Qué clase de ministerio resistirá la prueba de fuego? ¿Qué clase de ministerio arderá?

....

....

....

....

....

....

10. ¿Resistirá la prueba de fuego el ministerio que usted ejerce? ¿Cómo puede usted incrementar el valor eterno de lo que hace hoy día por el Señor?

....

....

....

....

....

....

HOY Y MAÑANA

Hoy: Los dones del Espíritu Santo son para beneficio de las personas, y los resultados son eternos.

Mañana: Pediré al Señor que me enseñe a producir fruto que

ORACIÓN FINAL

Espíritu Santo: te alabo por simplificarnos las cosas. Nos gusta complicarlo todo, pero tú ya has hecho lo necesario para que podamos vivir por fe, momento a momento, confiando en que tu presencia interior en nosotros logre lo que nunca podríamos conseguir por nuestra cuenta. Ayúdanos a usar los dones que nos proporcionas para bien de todos los creyentes. Ayúdanos a usar tus dones mientras buscamos oportunidades de servir. Ayúdanos a usar tus dones para animar a otros. Y ayúdanos a usar los dones que nos das no para nuestra gloria, sino para traerle gloria a Dios y para llevar a otros hacia la gracia del Señor. Amén.

OBSERVACIONES Y PETICIONES DE ORACIÓN

Use este espacio para escribir todos los puntos clave, preguntas o peticiones de oración del estudio de esta semana.

LECCIÓN 11

OBTENGAMOS DISCERNIMIENTO ESPIRITUAL

EN ESTA LECCIÓN

Enseñanza: ¿Qué es discernimiento espiritual y por qué debo anhelarlo?

Crecimiento: ¿Qué pasos puedo dar para recibir un nivel mayor de discernimiento espiritual en mi vida?

Si usted tiene algo de experiencia, como ocurre conmigo, entonces tal vez sepa que existe una diferencia entre inteligencia y discernimiento. Una gran diferencia. *Inteligencia* es la capacidad intelectual del individuo. Es la habilidad para procesar información, memorizar datos y pensar de modo eficiente. *Discernimiento* es la capacidad de hacer juicios. Es la habilidad para evaluar opciones diferentes y tomar decisiones sabias, beneficiosas y no perjudiciales.

Por esto es posible que una persona sea muy inteligente y que, sin embargo, tome terribles decisiones en su vida por no tener discernimiento. La misma idea se aplica cuando se trata de inteligencia espiritual y discernimiento espiritual, que es el tema de esta lección. He conocido muchas personas espiritualmente inteligentes. Tienen títulos. Conocen doctrina. Pueden citar capítulos y versículos en toda la Biblia. Sin embargo, en muchos casos no toman la clase de decisiones que esperaríamos que Jesús tome. ¿Por qué? Porque les falta discernimiento espiritual.

Con esto quiero decir que el discernimiento espiritual es la capacidad de ser guiados por el Espíritu Santo para ver las cosas desde el punto de vista de Dios. Es permitir que el Espíritu Santo nos ayude a entender el mundo de una manera similar a como Dios lo comprende. En consecuencia, aquellos que disciernen espiritualmente ven las cosas desde una perspectiva distinta de lo que podríamos llamar una mente «racional». El discernimiento espiritual que el Espíritu Santo provee nos brinda la capacidad de distinguir entre el bien y el mal, entre lo bueno y lo mejor, lo prudente y lo insensato, lo verdadero y lo erróneo y entre lo que es la voluntad humana y la voluntad de Dios.

Todos nosotros necesitamos discernimiento espiritual. Todos necesitamos poder ver debajo de la superficie y percibir las cosas no solo como *parecen*, sino también como *realmente* son. En esta lección exploraremos cómo podemos obtener esta clase de discernimiento espiritual. Específicamente, veremos que podemos obtener discernimiento espiritual (1) buscándolo, (2) sometiéndonos al Espíritu Santo, (3) estudiando la Palabra de Dios y (4) siguiendo las instrucciones del Señor.

1. ¿Quién le sirve como ejemplo de discernimiento espiritual, amable lector? ¿Qué características o atributos posee esa persona?

2. ¿Cuáles son algunos de los peligros de no tener discernimiento espiritual? ¿Qué consecuencias ha visto en su vida o en las vidas de otras personas por no tener discernimiento espiritual?

decir que no es algo automático. Convertirse en cristiano no significa que de repente podamos mirar la Biblia, comprenderla y al instante tener discernimiento espiritual. No es así como funciona, y lo sabemos porque existen muchos cristianos que pasan por la vida tomando decisiones terribles, dolorosas y desastrosas debido a la carencia de discernimiento espiritual.

Mire, una de las principales razones por las que los creyentes carecen de discernimiento espiritual es que ni siquiera saben que se encuentra disponible. Van por la vida creyendo que tienen dentro de sí todo lo que necesitan para ser espiritualmente maduros, lo cual por supuesto está fuera de lugar. Mientras seamos tan orgullosos como para creer que podemos manejar todo lo que la vida nos presenta («tengo la educación que necesito»; «tengo experiencia»; «soy inteligente»), aunque eso sea verdad, nunca buscaremos discernimiento espiritual. Lo cual significa que no lo hallaremos.

El rey David resaltó el valor de buscar discernimiento espiritual cuando escribió: «Enséñame buen sentido y sabiduría, porque tus mandamientos he creído. Antes que fuera yo humillado, descarriado andaba; mas ahora guardo tu palabra» (Salmos 119:66-67).

Que David fuera «humillado» quiere decir que había experimentado sufrimiento y dificultades en el mundo. Como resultado aprendió que no lo sabía todo. Aprendió que necesitaba ayuda. Por lo que se volvió al Señor en busca de discernimiento: «Buen sentido y sabiduría».

La mayoría de las personas ven la vida a través de sus ojos físicos y nunca se fijan en lo que estos pasan por alto. Escuchan con sus oídos físicos y no oyen aquello con lo que deberían haber estado sintonizados. Son sensibles a muchas cosas, pero no al Espíritu de Dios. Por tanto, pasan por alto algunas de las más fabulosas experiencias de la vida: algunos de los más fantásticos momentos de adoración, algunas de las oportunidades más maravillosas de ser obedientes y algunos de los mejores privilegios que Dios ofrece. Todo porque no buscan discernimiento espiritual. No permitamos que eso nos ocurra.

3. Salomón oró: «Da, pues, a tu siervo corazón entendido para juzgar a tu pueblo, y para discernir entre lo bueno y lo malo; porque ¿quién podrá gobernar este tu pueblo tan grande?» (1 Reyes 3:9). ¿Cómo muestra esto que Salomón buscaba discernimiento espiritual?

4. ¿Qué es para usted buscar discernimiento espiritual?

SOMETERSE AL ESPÍRITU SANTO

Pablo nos ofrece en su primera carta a los Corintios la siguiente comprensión clara de cómo el Espíritu Santo actúa para producir discernimiento espiritual en nuestras vidas:

Dios nos las reveló a nosotros por el Espíritu; porque el Espíritu todo lo escudriña, aun lo profundo de Dios. Porque ¿quién de los hombres sabe las cosas del hombre, sino el espíritu del hombre que está en él? Así tampoco nadie conoció las cosas de Dios, sino el Espíritu de Dios. Y nosotros no hemos recibido el espíritu del mundo, sino el Espí-

de nosotros.

Según Pablo observó, un ejemplo de la obra del Espíritu Santo es que nos ayuda a discernir entre la verdad de Dios y la verdad del mundo. Si queremos tener alguna esperanza de discernimiento espiritual, debemos tener al Espíritu de Dios revelándonos lo que es verdad desde el punto de vista del Señor. Pablo declaró: «Nadie conoció las cosas de Dios, sino el Espíritu de Dios».

El apóstol añadió: «El hombre natural no percibe las cosas que son del Espíritu de Dios, porque para él son locura, y no las puede entender, porque se han de discernir espiritualmente» (1 Corintios 2:14). Este es un principio increíble porque nos muestra que debemos estar en dependencia absoluta del Espíritu de Dios a fin de tener interpretación de la verdad espiritual. Existen muchas verdades y doctrinas en la Palabra de Dios que al mundo que nos rodea le parecen ridículas... le parecen «locura». Pero son elementos vitales de nuestra fe cuando las comprendemos a través de los lentes de la obra redentora de Dios, a lo largo de la historia y del plan divino para el futuro.

Piénselo: ¿cómo entenderíamos usted y yo alguna vez el plan redentor de Dios aparte del poder iluminador del Espíritu Santo? No lo entenderíamos. No podríamos hacerlo. ¿Cómo comprenderíamos de qué se trata la justificación? La justificación expresa que ya no somos declarados culpables por Dios. Pues bien, eso no tiene sentido, ya que todos sabemos que somos culpables cuando de pecado se trata. ¿Cómo entonces podemos ser declarados no culpables? El Espíritu de Dios nos da discernimiento para entender que, como discípulos de Jesús, hemos sido perdonados de nuestro pecado por medio de su sacrificio en la cruz.

Igual de importante es que el Espíritu Santo nos otorga discernimiento para ver y entender que no vamos al cielo debido a nuestras buenas obras. Encontramos este mal entendimiento todo el tiempo en nuestra cultura. La gente declara: «Creo que Dios es bueno. Es un Dios de amor. Por tanto, si soy bueno (si hago más cosas buenas que malas) estoy seguro de que iré al cielo». Esto tendría sentido si nos basáramos en el punto de vista que este mundo tiene de las cosas, pero es una total insensatez desde el punto de vista de Dios.

La única forma en que podemos discernir la diferencia entre las dos ideas es sometiéndonos a la obra del Espíritu Santo y permitiéndole que produzca discernimiento espiritual en nosotros.

5. ¿Cómo describiría usted al «espíritu del mundo»? ¿Cuáles son algunos de sus valores?

6. ¿Qué otras doctrinas u otros valores bíblicos conoce usted, que le parezcan «locura» a la mayor parte del mundo?

ESTUDIAR LA PALABRA DE DIOS

He aquí una simple verdad. Si usted quiere tener discernimiento espiritual, debe estar dispuesto a estudiar la Palabra de Dios. Si quiere saber lo que Dios piensa respecto a algo, y especialmente si quiere entrenar su pensamiento para que coincida con el de Él, debe

el Padre, el Hijo y el Espíritu Santo actuamos y pensamos». Pero, en calidad de seres humanos con comprensión y capacidad de atención limitadas, ¿qué haríamos con esa clase de instrucciones? Ojearíamos la lista... y luego la olvidaríamos. Ese tipo de comunicación no tendría el efecto perdurable que necesitamos.

Por tanto, Dios ha revelado sabiamente la verdad de sí mismo no a través de una lista, sino de una serie de historias... todas entretejidas en milagrosa unidad desde Génesis 1 hasta Apocalipsis 22. A medida que leemos y estudiamos su historia, este Libro, el Espíritu de Dios abre nuestra mente y nuestro corazón para *ver* quién es Dios, cómo es y qué espera de su pueblo. Vemos a Dios ilustrado en las páginas de su Palabra. ¿Cómo actuó en el huerto de Edén? ¿Cómo procedió con Abraham? ¿Cómo obró en la vida de David? ¿Cómo se reveló en la vida de Daniel? ¿Cómo se dejó ver de Pablo? ¿Cómo se dio a conocer a Pedro? ¿Cómo responde Dios a la maldad y la impiedad entre las naciones? ¿Cómo se comunica con la iglesia?

Las narraciones en la Biblia nos ayudan a descubrir quién es Dios. Así escribe el autor de Hebreos: «La palabra de Dios es viva y eficaz, y más cortante que toda espada de dos filos; y penetra hasta partir el alma y el espíritu, las coyunturas y los tuétanos, y discierne los pensamientos y las intenciones del corazón» (Hebreos 4:12). La Biblia no es un libro muerto, sino una obra maestra viva. Además, es un libro sobre la *vida*. No es una simple lista de información.

Si hemos de tener discernimiento espiritual, debemos conocer la mente de Dios. ¿Dónde nos enteramos qué piensa Dios? Vamos al Libro y vemos de qué manera actúa allí: qué revela acerca de sí mismo. Al hacerlo averiguamos que Dios no es incoherente. Siempre es el mismo. Este libro no solo es actual y aplicable, sino que no cambia. Es la revelación eterna del Dios viviente que confiadamente es el mismo... siempre.

Por estas razones y más, la Palabra de Dios es la base de todo discernimiento espiritual. Así que estudiémosla. Conozcámosla. Vivámosla y respirémosla, a fin de que viva y respire a través de nosotros.

7. «Toda la Escritura es inspirada por Dios, y útil para enseñar, para redargüir, para corregir, para instruir en justicia» (2 Timoteo 3:16). ¿Cuándo ha visto usted la verdad de esta afirmación en su propia vida?

....
....
....
....
....
....
....
....
....
....
....

8. ¿De qué manera ha cambiado Dios el modo en que usted piensa cuando se compromete con la Biblia?

....
....
....
....
....
....
....

Seguir las instrucciones de Dios

Si queremos crecer en discernimiento espiritual debemos buscarlo, depender de que el Espíritu Santo obre en nuestra vida y a través de ella y estudiar la Palabra de Dios. Pero finalmente, si queremos tener discernimiento espiritual, también debemos seguir las ins-

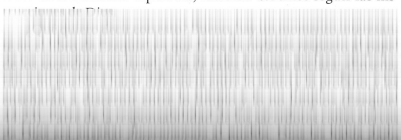

leyes a los israelitas en todo el Antiguo Testamento, y los sacerdotes tenían el trabajo de ayudárselas a entender.

Por ejemplo, los sacerdotes proporcionaban guía en asuntos tales como qué se podía y qué no se podía comer, qué se consideraba «limpio» y qué se consideraba «no limpio». También, qué podían tocar y qué no debían tocar, a qué lugares podían ir y a dónde no podían ir, y cosas por el estilo. Esto se alinea con lo que leemos del rey David en Salmos 119:66: «Enséñame buen sentido y sabiduría, porque tus mandamientos he creído». En todo participaba un elemento de instrucción.

Este es mi punto: que usted y yo podamos ser instruidos en discernimiento significa que el proceso de obtenerlo es progresivo, no estático. Significa que obtenemos discernimiento poco a poco a lo largo de nuestra vida. Es algo que podemos aprender, pero requiere que seamos activos en buscarlo, en estudiar la Palabra de Dios y luego en *obedecer* las instrucciones que se nos dan.

Supongamos que usted compra una pieza de ingeniería mecánica a un vendedor, algo complicado de operar. Y supongamos que el vendedor se toma el tiempo para escribir instrucciones específicas y detalladas sobre cómo debería operarse esa maquinaria a fin de maximizar los resultados en la vida o los asuntos de usted. ¿No sería valioso ese conjunto de instrucciones?

Sin embargo, ¿qué ocurre si usted lleva esas instrucciones a casa y las deja en un cajón durante una semana? ¿Luego dos semanas? ¿Después seis meses? ¡Sería un desperdicio! No tiene sentido recibir instrucciones si no se tiene la intención de seguirlas, si no se tiene la intención de hacer lo que demandan. De manera similar, no tiene sentido buscar discernimiento espiritual sometiéndose al Espíritu Santo, escudriñando activamente la Palabra de Dios, para luego no cumplir con lo que se aprende durante cada uno de dichos procesos. No hay sentido en crecer en discernimiento espiritual si no se pretende ponerlo en práctica.

Si usted quiere discernimiento espiritual debe estar dispuesto a seguir las instrucciones que recibe. De lo contrario, cualquier discernimiento que se arraigue en su vida simplemente se marchitará y morirá.

9. «Sed hacedores de la palabra, y no tan solamente oidores, engañándoos a vosotros mismos» (Santiago 1:22). ¿Qué significa ser un «hacedor» de la Palabra? ¿Por qué es importante esto?

10. ¿Qué obstáculos le impiden seguir las instrucciones que recibe de Dios? ¿Qué puede usted hacer esta semana para derribar estos obstáculos en su vida?

Por favor, escúcheme cuando digo esto: no espere que el discernimiento espiritual le llegue fácilmente. Sí, es verdad que el Espíritu Santo es nuestra Fuente de discernimiento espiritual, pero también se necesita disciplina de nuestra parte. Toma tiempo. Se necesita intención y esfuerzo. Siendo ese el caso, tengo que decir que el discernimiento espiritual vale la pena. Merece la pena cada recurso que invirtamos a través del Espíritu de Dios. El discernimiento espiritual influirá en cada decisión que tomemos. Con quién nos casamos o no nos casamos. Qué negocio hacemos o evitamos. Cómo educamos a nuestros hijos. Cuando tenemos discernimiento espiritual podemos analizar cada aspecto de nuestra

Hoy: El Espíritu Santo está totalmente listo y es capaz de producir discernimiento espiritual en mi mente y corazón.

Mañana: Estoy listo para ser activo, no pasivo, en buscar discernimiento espiritual y seguir las instrucciones de Dios.

ORACIÓN FINAL

Padre, ayuda por favor a quienes batallan por conseguir respuestas, a fin de que sepan cuál es la decisión correcta que deben tomar. Concédeles sabiduría para confiar en la guía del Espíritu Santo ayudándolos a distinguir entre el valor de lo eterno y lo temporal y pasajero. Y en nuestras propias vidas te pedimos, Señor, que aumentes nuestro discernimiento espiritual. Que sigamos buscándolo, sometiéndonos a tu Espíritu Santo, estudiando tu Palabra y siguiendo tus instrucciones para así obtener discernimiento. Gracias, Señor, por darnos tu Palabra. Esperamos que ella sea una guía para nosotros.

OBSERVACIONES Y PETICIONES DE ORACIÓN

Use este espacio para escribir todos los puntos clave, preguntas o peticiones de oración del estudio de esta semana.

EN ESTA LECCIÓN

Enseñanza: ¿Cuál es el papel cotidiano del Espíritu Santo en mi vida?

Crecimiento: ¿Cómo puedo entender la voluntad de Dios para mí?

¿A quién debemos recurrir en busca de guía diaria sobre cómo vivir? La Biblia establece que la única Guía digna en nuestra vida es el Espíritu Santo. Él es Aquel que conoce completamente nuestro pasado desde el momento que fuimos concebidos hasta el día de hoy. Es Aquel que conoce por completo nuestro futuro: desde este día hasta la eternidad. Es Aquel que conoce el plan y propósito de Dios para nosotros hoy y cada día de nuestra vida en la tierra.

Cuando busquemos consejo en otras personas, debemos estar conscientes de que en muchos casos nos dirán solamente lo que creen que queremos escuchar. Quieren hacernos sentir bien para que nos caigan mejor, lo cual a su vez les hace sentir bien. Si buscamos consejo de otra persona, recibamos exhortación sincera y veraz en cuanto a la Palabra de Dios, y sin motivaciones posteriores. A fin de verificar que el consejo sea correcto para nosotros en nuestra circunstancia dada, incluso cuando lo recibimos de otros, debemos compararlo con el testimonio del Espíritu Santo en nuestro espíritu y con la Biblia.

Solo el Espíritu Santo sabe lo que es totalmente bueno y correcto para nosotros en una base diaria. Cualquier otra opinión puede únicamente ser parte de la verdad completa conocida por el Espíritu Santo. Jesús se refirió en varias ocasiones al Espíritu Santo como el Espíritu de verdad. El Espíritu de verdad es como una brújula interna que siempre nos muestra cómo reaccionaría Jesús y qué diría o haría en cualquier situación.

1. «Él me glorificará; porque tomará de lo mío, y os lo hará saber» (Juan 16:14). ¿Qué significa que el Espíritu Santo «tomará de lo mío, y os lo hará saber»? ¿Cómo glorifica esto a Cristo?

2. ¿De qué manera ha servido en usted el Espíritu Santo como el «Espíritu de verdad»?

140

DIOS HA BUSCADO SIEMPRE GUIAR A SU PUEBLO

Incluso antes que Jesús viniera a este planeta, el Espíritu Santo guiaba al pueblo de Dios. En realidad, este ha sido el deseo del Señor para su pueblo a lo largo de los siglos. Numerosos versículos en el Antiguo Testamento nos dirigen a la guía de Dios. Cierta-

el Espíritu Santo les diera esta clase de guía personal, y somos sabios si hacemos lo mismo. En Romanos 8:14 y Gálatas 5:18, Pablo se refiere a ser «guiados por el Espíritu de Dios». Esta debe ser la norma de la vida cristiana.

La Biblia describe por lo menos tres resultados maravillosos de la guía del Espíritu Santo en nuestras vidas.

Primero, el Espíritu Santo convence de pecado, de justicia y de juicio. Nos da una comprensión clara de lo que está mal, de lo que está bien y de cómo saber la diferencia.

Segundo, el Espíritu Santo nos revela la verdad de cualquier situación para así evitar que tropecemos o caigamos en el error. De este modo nos libra «del mal» (Mateo 6:13). El Espíritu nos ayudará a andar «no como necios sino como sabios, aprovechando bien el tiempo, porque los días son malos» (Efesios 5:15-16). Nos guiará a las decisiones correctas, relaciones correctas y prioridades correctas. Nos ayudará a aprovechar al máximo nuestro tiempo cada día.

Tercero, el Espíritu Santo escudriña nuestros corazones. Nos revela nuestros motivos y nuestros deseos más profundos. Al hacerlo nos muestra quiénes somos realmente y cómo podemos llegar a ser más como Jesús. El Espíritu Santo nos guía y nos ayuda a madurar en el Señor y ser cada día más como Cristo.

3. «Fíate de Jehová de todo tu corazón, y no te apoyes en tu propia prudencia. Reconócelo en todos tus caminos, y él enderezará

tus veredas» (Proverbios 3:5-6). ¿Qué significa apoyarse «en su propia prudencia»? ¿Cómo es esto diferente de confiar en el Señor? Brinde ejemplos prácticos de cada caso.

4. «Jehová es mi pastor; nada me faltará. En lugares de delicados pastos me hará descansar; junto a aguas de reposo me pastoreará» (Salmo 23:1-2). Piense en la imagen del pastor y las ovejas en estos versículos. ¿Qué enseñan respecto a la obra del Espíritu Santo en la vida de un creyente?

Condiciones para la guía del Espíritu Santo

Es necesario pensar en algunas condiciones para recibir la guía del Espíritu Santo en nuestras vidas. *Primera, debemos creer en Jesús.* A fin de recibir la guía del Espíritu Santo a lo largo de nuestros días, primero debemos aceptar a Cristo como nuestro Salvador personal.

ciones y seguir diciendo o haciendo lo que nos ha llamado a decir o hacer. Sabemos que estamos rendidos a Él cuando podemos decirle: «Esto es lo que deseo, pero si tu respuesta es *no*, está bien. Decidiré hacer lo que digas».

Tercera, debemos creer que recibiremos la guía del Espíritu, esperando que el Espíritu Santo nos hable interiormente, dirigiéndonos al bien y alejándonos del mal. Debemos ser intencionales y centrados en esto. Es mucho más probable que escuchemos lo que el Espíritu Santo tiene que decirnos si estamos escuchándolo activamente. Es mucho más probable ver la dirección del Espíritu Santo si buscamos sus señales. El autor de Hebreos nos declara: «Sin fe es imposible agradar a Dios; porque es necesario que el que se acerca a Dios crea que le hay, y que es galardonador de los que le buscan» (Hebreos 11:6). Debemos ser diligentes en buscar su guía, pedirla, observarla, anticiparla y recibirla.

Cuarta, debemos esperar en el Señor hasta recibir su guía. El rey David nos dice en Salmos 27:14: «Aguarda a Jehová; esfuérzate, y aliéntese tu corazón; sí, espera a Jehová». A menos que el Señor nos diga qué papel debemos representar, no debemos actuar. Si no sabemos qué decir, permanezcamos en silencio y oremos. Si no sabemos hacia dónde ir, mantengámonos de rodillas hasta que su dirección sea clara. Aunque nuestro deseo sea apresurarnos, no podemos impacientarnos en nuestro deseo de escuchar del Señor. Debemos esperar y escuchar. Su guía llegará.

5. «Los que esperan a Jehová tendrán nuevas fuerzas; levantarán alas como las águilas; correrán, y no se cansarán; caminarán, y no se fatigarán» (Isaías 40:31). ¿Qué significa esperar al Señor? Ofrezca ejemplos prácticos.

6. ¿Cuál es la promesa en este versículo para quienes esperan al Señor? ¿Cuándo se ha adelantado usted a la guía del Señor? ¿Qué sucedió en consecuencia?

¿CÓMO SE NOS IMPARTE GUÍA?

El Espíritu Santo imparte su guía diaria en varias maneras. *En primer lugar, nos habla a través de las palabras de la Biblia.* El Espíritu nunca nos llevará a hacer algo que sea contrario a las Escrituras. Si creemos que hemos oído hablar al Señor en nuestro corazón, debemos ir a la Palabra de Dios para confirmar ese mensaje. El Señor suele hablar a nuestros corazones mientras leemos la Biblia: «Haz esto. Esto es para ti. Ese es mi deseo para ti». Él vivifica ciertos pasajes para nosotros.

Siempre podemos encontrar una frase o un versículo en la Biblia que respalde lo que deseamos en nuestra naturaleza humana. Bueno, al decir esto no estoy sugiriendo que vayamos a la Palabra para «obtener un versículo» como justificación para la decisión que ya hemos decidido tomar. Eso no es lo que significa ser guiados por el Espíritu. Más bien, estoy recomendando que leamos a diario nuestra Biblia con esta oración en los labios: «Espíritu Santo, háblame

de Dios son verdaderos y eternos. Pueden aplicarse para darnos guía en la toma de decisiones. Ante esto, siempre que tomemos una decisión debemos preguntar: «¿Se gloriará Dios en esto? ¿Puedo darle gracias al Señor por esto? ¿Puedo hacer esto en el nombre de Jesús, esperando plenamente su bendición, su provisión y su sello de aprobación?». Si podemos responder sí a estas preguntas respecto a alguna decisión, podemos estar seguros de que la estamos tomando dentro de los principios de la Palabra de Dios.

Segundo, el Espíritu Santo nos habla a través de las circunstancias. Cuando esperamos en el Señor y confiamos en su guía, a menudo el Espíritu Santo nos abre ciertas puertas y nos cierra otras. Pablo escribió: «A los que aman a Dios, todas las cosas les ayudan a bien, esto es, a los que conforme a su propósito son llamados» (Romanos 8:28). Debemos recordar que todas las circunstancias que vivimos están bajo la soberanía directa de Dios, y que Él permite que las cosas ocurran para sus propósitos.

Tercero, el Espíritu Santo nos habla en la quietud de nuestros corazones con un mensaje de convicción o seguridad. Cuando el Espíritu Santo nos aleja de algo perjudicial, a menudo tendremos pesadez o sensación de dificultad, premonición o intranquilidad en nuestros espíritus. Cuando el Espíritu Santo nos dirige hacia cosas que son útiles para nosotros, solemos sentir profunda paz interior, afán por ver lo que Dios hará, y un sentimiento de gozo.

Con frecuencia el Espíritu Santo obra principalmente a través de uno de estos métodos con la finalidad de brindarnos guía, pero por lo general su guía completa se confirma cuando usa *todos* estos métodos para expresarnos su verdad. Leemos algo en la Palabra que nos habla. Se nos recuerdan los principios generales en la Biblia y comenzamos a ver cómo se aplican a nuestra situación, quizás mediante el mensaje de una canción o de un sermón, por las palabras de un amigo o con un recuerdo súbito de pasajes que anteriormente hemos leído en las Escrituras. Vemos que las circunstancias empiezan a cambiar a nuestro alrededor. Sentimos la presencia del Espíritu Santo convenciéndonos de volvernos de la maldad, o sentimos la seguridad de que podemos aceptar algo que será para nuestro bien.

El Espíritu Santo no quiere que la voluntad de Dios para nosotros sea un misterio. Él vino a revelarnos la verdad, y lo hizo en su capacidad omnisciente con el fin de impartirnos lo que necesitamos saber para llevar vidas obedientes y fieles. Así que confiemos en que el Espíritu nos guía... ¡ahora y siempre!

7. «Todo lo que hacéis, sea de palabra o de hecho, hacedlo todo en el nombre del Señor Jesús, dando gracias a Dios Padre por medio de él» (Colosenses 3:17). ¿Qué significa, en términos prácticos, hacer «todo en el nombre del Señor Jesús»? ¿Por qué se nos ordena agradecer al Padre incluso cuando le servimos?

....

....

....

....

....

....

....

....

....

....

8. «Por nada estéis afanosos, sino sean conocidas vuestras peticiones delante de Dios en toda oración y ruego, con acción de gracias. Y la paz de Dios, que sobrepasa todo entendimiento, guardará vuestros corazones y vuestros pensamientos en Cristo Jesús» (Filipenses 4:6-7). ¿Por qué nos insta Pablo a no afanarnos? ¿Por qué añadir «acción de gracias» a nuestras oraciones? ¿Por qué es importante ser agradecidos a Dios?

MI ÚLTIMO MENSAJE PARA USTED

La vida llena del Espíritu. Comencé este estudio bíblico con esas palabras, y deseo cerrarlo con las mismas. Pero permítame añadir la palabra *maravillosa* a esta frase: *la maravillosa vida llena del Espíritu.* La vida que el Espíritu Santo desea impartirnos puede describirse como maravillosa: maravillosa en los muchos beneficios que experimentamos personalmente, maravillosa en las muchas bendiciones que vienen a otros a nuestro alrededor y maravillosa en el sentido de que nos volvemos más conscientes de la gloria y majestad de Dios el Padre y de Jesucristo. La vida llena del Espíritu debe caracterizarse por el asombro: debido a que somos morada del Espíritu Santo, a que Él desea usarnos para cumplir sus propósitos en la tierra y a que anhela vivir con nosotros para siempre en la eternidad.

Desde luego, el grado en que se tiene esta maravillosa vida guiada por el Espíritu depende de cada uno de nosotros. Le insto a que hoy decida confiarle al Espíritu Santo todo aspecto de su vida, cada decisión que tome y toda hora de cada día. Confíe en que Él obrará por medio de usted. Confíe en que lo moldeará a la imagen de Jesucristo. Confíe en que lo bendecirá como nunca antes ha sido bendecido. Al pedirle al Espíritu que haga la obra en usted recibirá ayuda y guía, y en el proceso manifestará el carácter de Jesucristo.

9. «Tus oídos oirán a tus espaldas palabra que diga: Este es el camino, andad por él; y no echéis a la mano derecha, ni tampoco torzáis a la mano izquierda» (Isaías 30:21). ¿Qué perspectivas importantes ha obtenido usted en este estudio del Espíritu Santo?

10. ¿A dónde está guiándolo Dios hoy día? ¿Cómo su relación con el Espíritu Santo le ha ayudado a entender la dirección de Dios?

HOY Y MAÑANA

Hoy: El Espíritu Santo quiere guiarme al plan completo de Dios para mi vida.

Mañana: Estaré totalmente disponible para seguir y obedecer la dirección del Espíritu.

Padre celestial, te alabamos por la bondad y paciencia que nos tienes. Hoy te pedimos que remuevas cualquier dureza que se haya desarrollado en nuestro corazón respecto a la obra del Espíritu Santo. Oramos para que nos recuerdes y convenzas de que debemos seguir la dirección que lleva a vida eterna. Señor, reconocemos que solo el Espíritu Santo sabe lo que es plenamente bueno y correcto para nosotros. Permítenos escuchar la voz del Espíritu de verdad con el fin de ser guiados siempre hacia lo que Jesús pensaría, diría o haría en cualquier situación. Gracias, Señor. Amén.

OBSERVACIONES Y PETICIONES DE ORACIÓN

Use este espacio para escribir todos los puntos clave, preguntas o peticiones de oración del estudio de esta semana.

Guía del líder

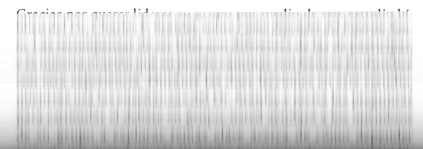

de la guía del Espíritu Santo. Hay varios componentes en esta sección que pueden ayudarle a estructurar sus lecciones y su tiempo de debate, así que asegúrese por favor de leer y reflexionar en cada enseñanza.

Antes de comenzar

Antes de su primera reunión, asegúrese de que cada uno de los miembros del grupo tenga un ejemplar de *Cómo depender del Espíritu Santo*, de modo que pueda seguir la guía de estudio y tener con anticipación las respuestas escritas. Alternativamente, usted puede entregar las guías de estudio en la primera reunión y dar a los miembros del grupo algún tiempo para revisar el material y hacer preguntas preliminares. En la primera reunión asegúrese de hacer circular una hoja por el salón en la que los miembros escriban su nombre, número telefónico y dirección de correo electrónico para que usted pueda mantenerse en contacto con ellos durante la semana.

A fin de garantizar que todos tengan la oportunidad de participar en el debate, el tamaño ideal para un grupo es alrededor de ocho a diez personas. Si hay más de diez participantes, divida el grupo grande en subgrupos más pequeños. Asegúrese de que los miembros estén comprometidos a participar cada semana, ya que esto ayudará a crear estabilidad y a preparar mejor la estructura de la reunión.

Al principio de cada reunión podría comenzar el tiempo de grupo pidiendo a los miembros que proporcionen sus reacciones iniciales al material que han leído durante la semana. El objetivo es simplemente obtener las ideas preliminares que se les haya ocurrido; así que anímelos en este punto a dar respuestas breves. Lo ideal es que usted disponga que todos en el grupo tengan la oportunidad de participar algunas de sus reflexiones; por tanto, intente que las respuestas duren máximo un minuto.

Ofrézcales a los miembros del grupo una oportunidad de contestar, pero dígales que se sientan en libertad de no participar si lo desean. Con el resto del estudio, generalmente no es buena idea hacer que todos respondan cada pregunta... es más aconsejable un debate fluido. Sin embargo, con las preguntas iniciales para romper el hielo usted puede dar la vuelta al círculo. Anime a las personas tímidas a hablar, pero no las obligue. Además, trate de evitar que una sola persona domine el debate, de modo que todos tengan la oportunidad de participar.

PREPARACIÓN SEMANAL

Como líder del grupo hay algunas cosas que usted puede hacer con la finalidad de prepararse para cada reunión.

- *Familiarícese muy bien con el material de la lección.* A fin de saber cómo estructurar el tiempo del grupo y estar preparado para liderar el debate, asegúrese de entender el contenido de cada lección.

- *Determine con anticipación qué preguntas desea debatir.* Dependiendo de cuánto tiempo tenga cada semana, tal vez no pueda reflexionar en cada pregunta. Seleccione preguntas específicas que crea que evocarán el mejor análisis.

- *Solicite peticiones de oración.* Al final del debate solicite peticiones de oración a los miembros de su grupo y luego oren unos por otros.

- *Ore por su grupo.* Ore por los participantes a lo largo de la semana y pida que Dios los guíe cuando estudien su Palabra.

- *Lleve suministros adicionales a la reunión.* Los miembros deben llevar sus propios bolígrafos para hacer anota-ciones, pero es buena idea tener algunos adicionales

Con el fin de planificar el tiempo, usted debe determinar con su grupo cuánto tiempo desean reunirse cada semana. Por lo general, en la mayoría de grupos las reuniones duran entre sesenta y noventa minutos, de modo que podrían usar una de las siguientes programaciones:

Segmento	60 minutos	90 minutos
Bienvenida (los miembros del grupo llegan y se acomodan)	5 minutos	10 minutos
Rompehielos (los miembros del grupo comparten sus ideas iniciales con relación al contenido de la lección)	10 minutos	15 minutos
Debate (analicen las preguntas del estudio bíblico que usted seleccionó por anticipado)	35 minutos	50 minutos
Oración/cierre (oren juntos como grupo y despídanse)	10 minutos	15 minutos

Como líder del grupo, a usted le corresponde controlar el tiempo y mantener la dinámica de la reunión según la programación que haya escogido. Si el debate de grupo se vuelve interesante, no intente detenerlo a fin de continuar con la siguiente pregunta. Recuerde que el propósito es unificar ideas y tener en común perspectivas exclusivas sobre la lección. Estimule a todos los miembros a participar, pero no se preocupe si algunos de ellos se muestran más callados. Podrían estar reflexionando interiormente en las preguntas y tal vez necesiten más tiempo para procesar sus ideas antes de poder expresarlas.

DINÁMICA DE GRUPO

Liderar un estudio grupal puede ser una experiencia gratificante para usted y los miembros del grupo, pero eso no significa que no se presentarán retos. Ciertos participantes podrían sentirse incómodos cuando se debaten temas que consideran muy personales y podrían sentir temor de que les pidan su opinión. Algunos otros podrían tener desacuerdos sobre temas específicos. Con el fin de evitar estos escenarios, considere establecer las siguientes reglas básicas:

- Si alguien tiene una pregunta que parezca salirse del tema, sugiera que se debata en otro momento, o pregunte al grupo si están de acuerdo con tocar ese tema.

- Si alguien hace una pregunta para la que usted no conoce la respuesta, confiese que no la sabe y siga adelante. Si se siente cómodo, puede invitar a otros miembros del grupo a dar sus opiniones o hacer comentarios basados en sus experiencias personales.

- Si usted siente que un par de personas intervienen más que las demás, haga preguntas a quienes tal vez no hayan participado todavía. Incluso podría pedir a los miembros más dominantes que le ayuden a hacer participar a los más callados.

- Cuando haya un desacuerdo, anime a los miembros a procesar el asunto en amor. Invite a los participantes de lados opuestos a evaluar sus opiniones y considerar las ideas de los demás miembros. Dirija al grupo a través de Escrituras que traten el tema, y busque puntos en común.

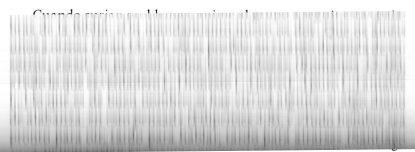

1:19). Esto hará el tiempo de grupo más gratificante y beneficioso para todos los miembros.

Gracias otra vez por su disposición de liderar el grupo. Que Dios le recompense sus esfuerzos y su dedicación, lo prepare para guiar al grupo en las próximas semanas y haga que el tiempo juntos en *Cómo depender del Espíritu Santo* sea fructífero para el reino de Dios.

También disponible en la
serie de estudios bíblicos de Charles F. Stanley

La serie de estudios bíblicos de Charles F. Stanley es un enfoque único
al estudio de la Biblia que incorpora la verdad bíblica, las ideas personales,

CÓMO AVANZAR EN LA ADVERSIDAD	**CÓMO EXPERIMENTAR EL PERDÓN**	**CÓMO ESCUCHAR A DIOS**	**CÓMO DEPENDER DEL ESPÍRITU SANTO**
DESCUBRA LA FIDELIDAD DE DIOS EN TIEMPOS DIFÍCILES	DISFRUTE LA PAZ DE DAR Y RECIBIR GRACIA	APRENDA A OÍRLO A TRAVÉS DE SU PALABRA	DESCUBRA QUIÉN ES ÉL Y CÓMO ACTÚA
CHARLES F. STANLEY	CHARLES F. STANLEY	CHARLES F. STANLEY	CHARLES F. STANLEY
Cómo avanzar en la adversidad	Cómo experimentar el perdón	Cómo escuchar a Dios	Cómo depender del Espíritu Santo
9781400221448	**9781400221820**	**9781400221585**	**9781400221653**

Disponible ahora en su librería favorita.
Pronto habrá más volúmenes.

GRUPO NELSON
Una división de Thomas Nelson Publishers
Desde 1798

NASHVILLE   MÉXICO DF.   RÍO DE JANEIRO